Buddha

Die Pfeiler der Einsicht

Reden und Gleichnisse

In der Übertragung
von Karl Eugen Neumann

Textauswahl
von Isabelle Fuchs

ANACONDA

Die Texte dieses Bandes folgen den Ausgaben: *Die Reden Gotamo Buddhos*. Aus der mittleren Sammlung Majjhimanikāyo des Pāli-Kanons zum ersten Mal übersetzt von Karl Eugen Neumann. 3 Bände. München: Piper 1922 und *Die Reden Gotamo Buddhos*. Aus der Sammlung der Bruchstücke Suttanipāto des Pāli-Kanons übersetzt von Karl Eugen Neumann. München: Piper 1924.

Die Deutsche Nationalbibliothek verzeichnet diese Publikation in der Deutschen Nationalbibliografie; detaillierte bibliografische Daten sind im Internet unter http://dnb.d-nb.de abrufbar.

Umschlaggestaltung und Layout:
Druckfrei. Dagmar Herrmann, Köln
Satz: GEM mbH, Ratingen
Printed in Germany 2014
ISBN 978-3-7306-0077-1
www.anacondaverlag.de
info@anacondaverlag.de

Inhalt

VOM GERADEN WEG ZUR LÄUTERUNG

DIE PFEILER DER EINSICHT

Das hab' ich gehört. Zu einer Zeit weilte der Erhabene im Kurū-Lande, bei einer Stadt der Kurūner namens Kammāsadammam. Dort nun wandte sich der Erhabene an die Mönche: »Ihr Mönche!« – »Erlauchter!«, antworteten da jene Mönche dem Erhabenen aufmerksam. Der Erhabene sprach also:

»Der gerade Weg, ihr Mönche, der zur Läuterung der Wesen, zur Überwältigung des Schmerzes und Jammers, zur Zerstörung des Leidens und der Trübsal, zur Gewinnung des Rechten, zur Verwirklichung der Erlöschung führt, das sind die vier Pfeiler der Einsicht. Welche vier? Da wacht, ihr Mönche, ein Mönch beim Körper über den Körper, unermüdlich, klaren Sinnes, einsichtig, nach Verwindung weltlichen Begehrens und Bekümmerns; wacht bei den Gefühlen über die Gefühle, unermüdlich, klaren Sinnes, einsichtig, nach Verwindung weltlichen Begehrens und Bekümmerns; wacht beim Gemüte über das Gemüt, unermüdlich, klaren Sinnes, einsichtig, nach Verwindung weltlichen Begehrens und Bekümmerns; wacht bei den Erscheinungen über die Erscheinungen, unermüdlich, klaren Sinnes, einsichtig, nach Verwindung weltlichen Begehrens und Bekümmerns.

Wie aber, ihr Mönche, wacht ein Mönch beim Körper über den Körper? Da begibt sich, ihr Mönche, der Mönch ins Innere des Waldes oder unter einen großen Baum oder in eine leere Klause, setzt sich mit verschränkten Beinen nieder, den Körper gerade aufgerichtet, und pflegt der Einsicht. Bedächtig atmet er ein, bedächtig atmet er aus. Atmet er tief ein, so weiß er ›Ich atme tief ein‹, atmet er tief aus, so weiß er ›Ich atme tief aus‹; atmet er kurz ein, so weiß er ›Ich atme kurz ein‹, atmet er kurz aus, so weiß er ›Ich atme kurz aus‹. ›Den ganzen Körper empfindend will ich einatmen‹, ›Den ganzen Körper empfindend will ich ausatmen‹, so übt er sich. ›Diese Körperverbindung besänftigend will ich einatmen‹. ›Diese Körperverbindung besänftigend will ich ausatmen‹, so übt er sich.

Gleichwie etwa, ihr Mönche, ein geschickter Drechsler oder Drechslergeselle tief anziehend weiß ›Ich ziehe tief an‹, kurz anziehend weiß ›Ich ziehe kurz an‹: Ebenso nun auch, ihr Mönche, weiß der Mönch tief einatmend ›Ich atme tief ein‹, tief ausatmend ›Ich atme tief aus‹; kurz einatmend ›Ich atme kurz ein‹, kurz ausatmend ›Ich atme kurz aus‹; übt er sich ›Den ganzen Körper empfindend will ich einatmen‹, ›Den ganzen Körper empfindend will ich ausatmen‹; übt er sich ›Diese Körperverbindung besänftigend will ich einatmen‹, ›Diese Körperverbindung besänftigend will ich ausatmen‹.

So wacht er nach innen beim Körper über den Körper, so wacht er nach außen beim Körper über den Körper, nach innen und außen wacht er beim Körper über den Körper. Er beobachtet, wie der Körper entsteht, beobachtet, wie der Körper vergeht, beobachtet, wie der Körper entsteht und vergeht. ›Der Körper ist da‹: Diese Einsicht ist ihm nun gegenwärtig, soweit sie eben zum Wissen taugt, zur Besinnung taugt; und uneingepflanzt verharrt er, und nirgend in der Welt ist er angehangen. So aber, ihr Mönche, wacht der Mönch beim Körper über den Körper.

Weiter sodann, ihr Mönche: Der Mönch weiß, wenn er geht, ›Ich gehe‹, weiß, wenn er steht, ›Ich stehe‹, weiß, wenn er sitzt, ›Ich sitze‹, weiß, wenn er liegt, ›Ich liege‹, er weiß, wenn sich sein Körper in dieser oder jener Stellung befindet, dass es diese oder jene Stellung ist.

So wacht er nach innen beim Körper über den Körper, so wacht er nach außen beim Körper über den Körper, nach innen und außen wacht er beim Körper über den Körper. Er beobachtet, wie der Körper entsteht, beobachtet, wie der Körper vergeht, beobachtet, wie der Körper entsteht und vergeht. ›Der Körper ist da‹: Diese Einsicht ist ihm nun gegenwärtig, soweit sie eben zum Wissen taugt, zur Besinnung taugt; und uneingepflanzt verharrt er, und nirgend in der Welt ist er angehangen. So aber, ihr Mönche, wacht der Mönch beim Körper über den Körper.

Weiter sodann, ihr Mönche: Der Mönch ist klar bewusst beim Kommen und Gehn, klar bewusst beim Hinblicken und Wegblicken, klar bewusst beim Neigen und Erheben, klar bewusst beim Tragen des Gewandes und der Almosenschale des Ordens, klar bewusst beim Essen und Trinken, Kauen und Schmecken, klar bewusst beim Entleeren von Kot und Harn, klar bewusst beim Gehn und Stehn und Sitzen, beim Einschlafen und Erwachen, beim Sprechen und Schweigen.

So wacht er nach innen beim Körper über den Körper, so wacht er nach außen beim Körper über den Körper, nach innen und außen wacht er beim Körper über den Körper. Er beobachtet, wie der Körper entsteht, beobachtet, wie der Körper vergeht, beobachtet, wie der Körper entsteht und vergeht. ›Der Körper ist da‹: Diese Einsicht ist ihm nun gegenwärtig, soweit sie eben zum Wissen taugt, zur Besinnung taugt; und uneingepflanzt verharrt er, und nirgend in der Welt ist er angehangen. So aber, ihr Mönche, wacht der Mönch beim Körper über den Körper.

Weiter sodann, ihr Mönche: Der Mönch betrachtet sich diesen Körper da von der Sohle bis zum Scheitel, den hautüberzogenen, den unterschiedliches Unreines ausfüllt: ›Dieser Körper trägt einen Schopf, ist behaart, hat Nägel und Zähne, Haut und Fleisch, Sehnen und Knochen und Knochenmark, Nieren, Herz und Leber, Zwerchfell, Milz, Lungen, Magen, Eingeweide, Weichteile und Kot, hat Galle, Schleim, Eiter, Blut, Schweiß, Lymphe, Tränen, Serum, Speichel, Rotz, Gelenköl, Urin.‹

Gleichwie etwa, ihr Mönche, wenn da ein Sack, an beiden Enden zugebunden, mit verschiedenem Korne gefüllt wäre, als wie etwa mit Reis, mit Bohnen, mit Sesam, und ein scharf sehender Mann bände ihn auf und untersuchte den Inhalt: ‚Das ist Reis, das sind Bohnen, das ist Sesam': Ebenso nun auch, ihr Mönche, betrachtet sich der Mönch diesen Körper da von der Sohle bis zum Scheitel, den hautüberzogenen, den unterschiedliches Unreines ausfüllt.

Weiter sodann, ihr Mönche: Der Mönch schaut sich diesen Körper da, wie er geht und steht, als Artung an:

›Dieser Körper ist von Erdenart, von Wasserart, von Feuerart, von Luftart.‹

Gleichwie etwa, ihr Mönche, ein geschickter Metzger oder Metzgergeselle eine Kuh schlachtet, auf den Markt bringt, Stück vor Stück zerlegt und sich dann hinsetzen mag: Ebenso nun auch, ihr Mönche, schaut sich der Mönch diesen Körper da, wie er geht und steht, als Artung an: ›Dieser Körper ist von Erdenart, von Wasserart, von Feuerart, von Luftart.‹

Weiter sodann, ihr Mönche: Als hätte der Mönch einen Leib auf der Leichenstätte liegen sehn, einen Tag nach dem Tode oder zwei oder drei Tage nach dem Tode, aufgedunsen, blauschwarz gefärbt, in Fäulnis übergegangen, zieht er den Schluss auf sich selbst: ›Und auch dieser Körper ist so beschaffen, wird das werden, kann dem nicht entgehn.‹ Weiter sodann, ihr Mönche: Als hätte der Mönch einen Leib auf der Leichenstätte liegen sehn, von Krähen oder Raben oder Geiern zerfressen, von Hunden oder Schakalen zerfleischt oder von vielerlei Würmern zernagt, zieht er den Schluss auf sich selbst: ›Und auch dieser Körper ist so beschaffen, wird das werden, kann dem nicht entgehn.‹ Weiter sodann, ihr Mönche: Als hätte der Mönch einen Leib auf der Leichenstätte liegen sehn, ein Knochengerippe, fleischbehangen, blutbesudelt, von den Sehnen zusammengehalten; ein Knochengerippe, fleischentblößt, blutbefleckt, von den Sehnen zusammengehalten; ein Knochengerippe, ohne Fleisch, ohne Blut, von den Sehnen zusammengehalten; die Gebeine, ohne die Sehnen, hierher und dorthin verstreut, da ein Handknochen, dort ein Fußknochen, da ein Schienbein, dort ein

Schenkel, da das Becken, dort Wirbel, da der Schädel; als hätte er das gesehn, zieht er den Schluss auf sich selbst: ›Und auch dieser Körper ist so beschaffen, wird das werden, kann dem nicht entgehn.‹ Weiter sodann, ihr Mönche: Als hätte der Mönch einen Leib auf der Leichenstätte liegen sehn, Gebeine, blank, muschelfarbig; Gebeine, zuhauf geschichtet, nach Verlauf eines Jahres; Gebeine, verwest, in Staub zerfallen; als hätte er das gesehn, zieht er den Schluss auf sich selbst: ›Und auch dieser Körper ist so beschaffen, wird das werden, kann dem nicht entgehn.‹

So wacht er nach innen beim Körper über den Körper, so wacht er nach außen beim Körper über den Körper, nach innen und außen wacht er beim Körper über den Körper. Er beobachtet, wie der Körper entsteht, beobachtet, wie der Körper vergeht, beobachtet, wie der Körper entsteht und vergeht. ›Der Körper ist da‹: Diese Einsicht ist ihm nun gegenwärtig, soweit sie eben zum Wissen taugt, zur Besinnung taugt; und uneingepflanzt verharrt er, und nirgend in der Welt ist er angehangen. So aber, ihr Mönche, wacht der Mönch beim Körper über den Körper.

Wie aber, ihr Mönche, wacht der Mönch bei den Gefühlen über das Gefühl? Da weiß, ihr Mönche, der Mönch, wenn er ein Wohlgefühl empfindet, ›Ich empfinde ein Wohlgefühl‹, weiß, wenn er ein Wehgefühl empfindet, ›Ich empfinde ein Wehgefühl‹, weiß, wenn er kein Wohl- und kein Wehgefühl empfindet, ›Ich empfinde kein Wohl- und kein Wehgefühl‹. Er weiß, wenn er ein weltliches Wohlgefühl empfindet, ›Ich empfinde ein weltliches Wohlgefühl‹, und weiß, wenn er ein überweltliches Wohlgefühl empfindet, ›Ich empfinde ein überweltliches Wohlgefühl‹, weiß, wenn er ein weltliches Wehgefühl empfindet, ›Ich empfinde ein weltliches Wehgefühl‹, und weiß, wenn er ein überweltliches Wehgefühl empfindet, ›Ich empfinde ein überweltliches Wehgefühl‹, weiß, wenn er ein weltliches Gefühl ohne Wohl und Weh empfindet, ›Ich empfinde ein weltliches Gefühl ohne Wohl und Weh‹, und weiß, wenn er ein überweltliches Gefühl ohne Wohl und Weh empfindet, ›Ich empfinde ein überweltliches Gefühl ohne Wohl und Weh‹.

So wacht er nach innen bei den Gefühlen über das Gefühl, so wacht er nach außen bei den Gefühlen über das Gefühl, nach innen und außen wacht er bei den Gefühlen über das Gefühl. Er beobachtet, wie die Gefühle entstehn, beobachtet, wie die Gefühle vergehn, beobachtet, wie die Gefühle entstehn und vergehn. ›Das Gefühl ist da‹: Diese Einsicht ist ihm nun gegenwärtig, soweit sie eben zum Wissen taugt, zur Besinnung taugt; und uneingepflanzt verharrt er, und nirgend in der Welt ist er angehangen. So aber, ihr Mönche, wacht der Mönch bei den Gefühlen über das Gefühl.

Wie aber, ihr Mönche, wacht der Mönch beim Gemüte über das Gemüt? Da kennt, ihr Mönche, der Mönch das begehrliche Gemüt als begehrlich und das begehrlose Gemüt als begehrlos, das gehässige Gemüt als gehässig und das hasslose Gemüt als hasslos, das irrende Gemüt als irrend und das irrlose Gemüt als irrlos, das gesammelte Gemüt als gesammelt und das zerstreute

Gemüt als zerstreut, das hochstrebende Gemüt als hochstrebend und das niedrig gesinnte Gemüt als niedrig gesinnt, das edle Gemüt als edel und das gemeine Gemüt als gemein, das beruhigte Gemüt als beruhigt und das ruhelose Gemüt als ruhelos, das erlöste Gemüt kennt er als erlöst und das gefesselte Gemüt als gefesselt.

So wacht er nach innen beim Gemüte über das Gemüt, so wacht er nach außen beim Gemüte über das Gemüt, nach innen und außen wacht er beim Gemüte über das Gemüt. Er beobachtet, wie das Gemüt entsteht, beobachtet, wie das Gemüt vergeht, beobachtet, wie das Gemüt entsteht und vergeht. ›Das Gemüt ist da‹: Diese Einsicht ist ihm nun gegenwärtig, soweit sie eben zum Wissen taugt, zur Besinnung taugt; und uneingepflanzt verharrt er, und nirgend in der Welt ist er angehangen. So aber, ihr Mönche, wacht der Mönch beim Gemüte über das Gemüt.

Wie aber, ihr Mönche, wacht der Mönch bei den Erscheinungen über die Erscheinungen? Da wacht, ihr Mönche, der Mönch bei den Erscheinungen über das Erscheinen der fünf Hemmungen. Wie aber, ihr Mönche, wacht der Mönch bei den Erscheinungen über das Erscheinen der fünf Hemmungen? Da merkt, ihr Mönche, der Mönch, wenn Wunscheswille in ihm ist, ›In mir ist Wunscheswille‹, merkt, wenn kein Wunscheswille in ihm ist, ›In mir ist kein Wunscheswille‹. Er merkt es, wenn Wunscheswille sich eben erst entwickelt, merkt es, wenn der deutlich gewordene Wunscheswille aufgehoben wird, und merkt es, wenn der aufgehobene Wunscheswille künftig nicht mehr erscheint. Er merkt, wenn Hassensgroll in ihm ist, ›In mir ist Hassensgroll‹, merkt, wenn kein Hassensgroll in ihm ist,›In mir ist kein Hassensgroll‹. Er merkt es, wenn Hassensgroll sich eben erst entwickelt, merkt es, wenn der deutlich gewordene Hassensgroll aufgehoben wird, und merkt es, wenn der aufgehobene Hassensgroll künftig nicht mehr erscheint. Er merkt ,wenn matte Müde in ihm ist, ›In mir ist matte Müde‹, merkt, wenn keine matte Müde in ihm ist, ›In mir ist keine matte Müde‹. Er merkt es, wenn matte Müde sich eben erst entwickelt, merkt es, wenn die deutlich gewordene matte Müde aufgehoben wird, und merkt es, wenn die aufgehobene matte Müde künftig nicht mehr erscheint. Er merkt, wenn stolzer Unmut in ihm ist, ›In mir ist stolzer Unmut‹, merkt, wenn kein stolzer Unmut in ihm ist, ›In mir ist kein stolzer Unmut‹. Er merkt es, wenn stolzer Unmut sich eben erst entwickelt, merkt es, wenn der deutlich gewordene stolze Unmut aufgehoben wird, und merkt es, wenn der aufgehobene stolze Unmut künftig nicht mehr erscheint. Er merkt, wenn Schwanken in ihm ist,›In mir ist Schwanken‹, merkt, wenn kein Schwanken in ihm ist, ›In mir ist kein Schwanken‹. Er merkt es, wenn Schwanken sich eben erst entwickelt, merkt es, wenn das deutlich gewordene Schwanken aufgehoben wird, und merkt es, wenn das aufgehobene Schwanken künftig nicht mehr erscheint.

So wacht er nach innen bei den Erscheinungen über die Erscheinungen, so wacht er nach außen bei den Erscheinungen über die Erscheinungen, nach innen und außen wacht er bei den Erscheinungen über die Erscheinungen. Er beobachtet, wie die Erscheinungen entstehn, beobachtet, wie die Erscheinungen vergehn, beobachtet, wie die Erscheinungen entstehn und vergehn. ›Die Erscheinungen sind da‹: Diese Einsicht ist ihm nun gegenwärtig, soweit sie eben zum Wissen taugt, zur Besinnung taugt; und uneingepflanzt verharrt er, und nirgend in der Welt ist er angehangen. So aber, ihr Mönche, wacht der Mönch bei den Erscheinungen über das Erscheinen der fünf Hemmungen.

Weiter sodann, ihr Mönche, wacht der Mönch bei den Erscheinungen über das Erscheinen der fünf Stücke des Anhangens. Wie aber, ihr Mönche, wacht der Mönch bei den Erscheinungen über das Erscheinen der fünf Stücke des Anhangens? Da sagt sich, ihr Mönche, der Mönch: ›So ist die Form, so entsteht sie, so löst sie sich auf; so ist das Gefühl, so entsteht es, so löst es sich auf; so ist die Wahrnehmung, so entsteht sie, so löst sie sich auf; so sind die Unterscheidungen, so entstehn sie, so lösen sie sich auf; so ist das Bewusstsein, so entsteht es, so löst es sich auf.‹

So wacht er nach innen bei den Erscheinungen über die Erscheinungen, so wacht er nach außen bei den Erscheinungen über die Erscheinungen, nach innen und außen wacht er bei den Erscheinungen über die Erscheinungen. Er beobachtet, wie die Erscheinungen entstehn, beobachtet, wie die Erscheinungen vergehn, beobachtet, wie die Erscheinungen entstehn und vergehn. ›Die Erscheinungen sind da‹: Diese Einsicht ist ihm nun gegenwärtig, soweit sie eben zum Wissen taugt, zur Besinnung taugt; und uneingepflanzt verharrt er, und nirgend in der Welt ist er angehangen. So aber, ihr Mönche, wacht der Mönch bei den Erscheinungen über das Erscheinen der fünf Stücke des Anhangens.

Weiter sodann, ihr Mönche, wacht der Mönch bei den Erscheinungen über das Erscheinen der sechs Innen- und Außenreiche. Wie aber, ihr Mönche, wacht der Mönch bei den Erscheinungen über das Erscheinen der sechs Innen- und Außenreiche? Da kennt, ihr Mönche, der Mönch das Auge und kennt die Formen, und die Verbindung, die sich aus beiden ergibt, auch diese kennt er. Er kennt es, wenn die Verbindung eben erst erfolgt, kennt es, wenn die erfolgte Verbindung aufgehoben wird, und kennt es, wenn die aufgehobene Verbindung künftig nicht mehr erscheint. Er kennt das Ohr und kennt die Töne, und die Verbindung, die sich aus beiden ergibt, auch diese kennt er. Er kennt es, wenn die Verbindung eben erst erfolgt, kennt es, wenn die erfolgte Verbindung aufgehoben wird, und kennt es, wenn die aufgehobene Verbindung künftig nicht mehr erscheint. Er kennt die Nase und kennt die Düfte, und die Verbindung, die sich aus beiden ergibt, auch diese kennt er. Er kennt es, wenn die Verbindung eben erst erfolgt, kennt es, wenn die erfolgte Verbindung aufgehoben wird, und kennt es, wenn die aufgehobene Verbindung künftig nicht mehr erscheint. Er kennt die Zunge und kennt die Säfte, und die Verbindung, die sich aus beiden ergibt, auch diese kennt er. Er kennt es, wenn die Verbindung eben erst erfolgt, kennt es, wenn die erfolgte Verbindung aufgehoben wird, und kennt es, wenn die aufgehobene Verbindung künftig nicht mehr erscheint. Er kennt den Leib und kennt die Tastungen, und die Verbindung, die sich aus beiden ergibt, auch diese kennt er. Er kennt es, wenn die Verbindung eben erst erfolgt, kennt es, wenn die erfolgte Verbindung aufgehoben wird, und kennt es, wenn die aufgehobene Verbindung künftig nicht mehr erscheint. Er kennt das Denken und kennt die Dinge, und die Verbindung, die sich aus beiden ergibt, auch diese kennt er. Er kennt es, wenn die Verbindung eben erst erfolgt, kennt es, wenn die erfolgte Verbindung aufgehoben wird, und kennt es, wenn die aufgehobene Verbindung künftig nicht mehr erscheint.

So wacht er nach innen bei den Erscheinungen über die Erscheinungen, so wacht er nach außen bei den Erscheinungen über die Erscheinungen, nach innen und außen wacht er bei den Erscheinungen über die Erscheinungen. Er beobachtet, wie die Erscheinungen entstehn, beobachtet, wie die Erscheinungen vergehn, beobachtet wie die Erscheinungen entstehn und vergehn. ›Die Erscheinungen sind da‹: Diese Einsicht ist ihm nun gegenwärtig, soweit sie eben zum Wissen taugt, zur Besinnung taugt; und uneingepflanzt verharrt er, und nirgend in der Welt ist er angehangen. So aber, ihr Mönche, wacht der Mönch bei den Erscheinungen über das Erscheinen der sechs Innen- und Außenreiche.

Weiter sodann, ihr Mönche, wacht der Mönch bei den Erscheinungen über das Erscheinen der sieben Erweckungen. Wie aber, ihr Mönche, wacht der Mönch bei den Erscheinungen über das Erscheinen der sieben Erweckungen? Da gewahrt, ihr Mönche, der Mönch, wenn Einsicht in ihm munter wird, ›In mir wird Einsicht munter‹, und gewahrt, wenn Einsicht in ihm nicht munter wird, ›In mir wird Einsicht nicht munter‹; er gewahrt es, wenn Einsicht eben erst munter wird, und gewahrt es, wenn die munter gewordene Einsicht völlig aufgeht. Er gewahrt, wenn Tiefsinn in ihm munter wird, ›In mir wird

Tiefsinn munter‹, und gewahrt, wenn Tiefsinn in ihm nicht munter wird, ›In mir wird Tiefsinn nicht munter‹; er gewahrt es, wenn Tiefsinn eben erst munter wird, und gewahrt es, wenn der munter gewordene Tiefsinn völlig aufgeht. Er gewahrt, wenn Kraft in ihm munter wird, ›In mir wird Kraft munter‹, und gewahrt, wenn Kraft in ihm nicht munter wird, ›In mir wird Kraft nicht munter‹; er gewahrt es, wenn Kraft eben erst munter wird, und gewahrt es, wenn die munter gewordene Kraft völlig aufgeht. Er gewahrt, wenn Heiterkeit in ihm munter wird, ›In mir wird Heiterkeit munter‹, und gewahrt, wenn Heiterkeit in ihm nicht munter wird, ›In mir wird Heiterkeit nicht munter‹; er gewahrt es, wenn Heiterkeit eben erst munter wird, und gewahrt es, wenn die munter gewordene Heiterkeit völlig aufgeht. Er gewahrt, wenn Lindheit in ihm munter wird, ›In mir wird Lindheit munter‹, und gewahrt, wenn Lindheit in ihm nicht munter wird, ›In mir wird Lindheit nicht munter‹; er gewahrt es, wenn Lindheit eben erst munter wird, und gewahrt es, wenn die munter gewordene Lindheit völlig aufgeht. Er gewahrt, wenn Innigkeit in ihm munter wird, ›In mir wird Innigkeit munter‹, und gewahrt, wenn Innigkeit in ihm nicht munter wird, ›In mir wird Innigkeit nicht munter‹; er gewahrt es, wenn Innigkeit eben erst munter wird, und gewahrt es, wenn die munter gewordene Innigkeit völlig aufgeht. Er gewahrt, wenn Gleichmut in ihm munter wird, ›In mir wird Gleichmut munter‹, und gewahrt, wenn Gleichmut in ihm nicht munter wird, ›In mir wird Gleichmut nicht munter‹; er gewahrt es, wenn Gleichmut eben erst munter wird, und gewahrt es, wenn der munter gewordene Gleichmut völlig aufgeht.

So wacht er nach innen bei den Erscheinungen über die Erscheinungen, so wacht er nach außen bei den Erscheinungen über die Erscheinungen, nach innen und außen wacht er bei den Erscheinungen über die Erscheinungen. Er beobachtet, wie die Erscheinungen entstehn, beobachtet, wie die Erscheinungen vergehn, beobachtet, wie die Erscheinungen entstehn und vergehn. ›Die Erscheinungen sind da‹: Diese Einsicht ist ihm nun gegenwärtig, soweit sie eben zum Wissen taugt, zur Besinnung taugt; und uneingepflanzt verharrt er, und nirgend in der Welt ist er angehangen. So aber, ihr Mönche, wacht der Mönch bei den Erscheinungen über das Erscheinen der sieben Erweckungen.

Weiter sodann, ihr Mönche, wacht der Mönch bei den Erscheinungen über das Erscheinen der vier heiligen Wahrheiten. Wie aber, ihr Mönche, wacht der Mönch bei den Erscheinungen über das Erscheinen der vier heiligen Wahrheiten? Da versteht, ihr Mönche, der Mönch der Wahrheit gemäß ›Das ist das Leiden‹, versteht der Wahrheit gemäß ›Das ist die Leidensentwicklung‹, versteht der Wahrheit gemäß ›Das ist die Leidensauflösung‹, versteht der Wahrheit gemäß ›Das ist der zur Leidensauflösung führende Pfad‹.

Was ist aber, ihr Mönche, die heilige Wahrheit vom Leiden? Geburt ist Leiden, Alter ist Leiden, Krankheit ist Leiden, Sterben ist Leiden, Kummer, Jammer, Schmerz, Gram und Verzweiflung sind Leiden, mit Unliebem verbunden sein ist Leiden, von Liebem getrennt sein ist Leiden, was man begehrt, nicht erlangen, das ist Leiden, kurz gesagt: Die fünf Stücke des Anhangens sind Leiden. – Was ist nun, ihr Mönche, die Geburt? Der jeweiligen Wesen in jeweilig wesender Gattung Geburt, Gebärung, Bildung, Keimung, Empfängnis, das Erscheinen der Teile, das Ergreifen der Gebiete: Das nennt man, ihr Mönche, Geburt. Was ist aber, ihr Mönche, das Alter? Der jeweiligen Wesen in jeweilig wesender Gattung Altern und Abnutzen, Gebrechlich-, Grau- und Runzeligwerden, der Kräfteverfall, das Abreifen der Sinne: Das nennt man, ihr Mönche, Alter. Was ist nun, ihr Mönche, das Sterben? Der jeweiligen Wesen in jeweilig wesender Gattung Hinschwund, Auflösung, Zersetzung, Untergang, Todessterben, Zeiterfüllung, das Zerfallen der Teile, das Verwesen der Leiche: Das nennt man, ihr Mönche, Sterben. Was ist aber, ihr Mönche, der Kummer? Was da, ihr Mönche, bei solchem und solchem Verluste, den man erfährt, bei solchem und solchem Unglücke, das einen betrifft, Kummer, Kümmernis, Bekümmerung, innerer Kummer, innere Verkümmerung ist: Das nennt man, ihr Mönche, Kummer. Was ist nun, ihr Mönche, der Jammer? Was da, ihr Mönche, bei solchem und solchem Verluste, den man erfährt, bei solchem und solchem Unglücke, das einen betrifft, Klage und Jammer, Beklagen und Bejammern, Wehklage, Wehjammer ist: Das nennt man, ihr Mönche, Jammer. Was ist nun, ihr Mönche, der Schmerz? Was da, ihr Mönche, körperlich schmerzhaft, unangenehm empfunden wird: Das nennt man, ihr Mönche, Schmerz. Was ist aber, ihr Mönche, der Gram? Was da, ihr Mönche, geistig schmerzhaft, geistig unangenehm ist, durch gedankenhafte Berührung schmerzhaft, unangenehm empfunden wird: Das nennt man, ihr Mönche, Gram. Und was ist, ihr Mönche, die Verzweiflung? Was da, ihr Mönche, bei solchem und solchem Verluste, den man erfährt, bei solchem und solchem Unglücke, das einen betrifft, Verzagen und Verzweifeln, Verzagtsein und Verzweifeltsein ist: Das nennt man, ihr Mönche, Verzweiflung. Was ist nun, ihr Mönche, mit Unliebem verbunden sein für Leiden? Was einem da an unerwünschten, unerfreulichen, unangenehmen Formen begegnet, an Tönen, Düften, Säften, Berührungen, Gedanken, oder was einem dabei unförderlich, unfreundlich, unsanft, unversöhnbar vorkommt; damit zusammen, vereinigt, vermengt und vermischt sein: Das nennt man, ihr Mönche, mit Unliebem verbunden sein zu Leiden. Was ist aber, ihr Mönche, von Liebem getrennt sein für Leiden? Was einem da an erwünschten, erfreulichen, angenehmen Formen begegnet, an Tönen, Düften, Säften, Berührungen, Gedanken, oder was einem dabei förderlich, freundlich, sanft, versöhnbar vorkommt, als wie Mutter oder Vater, Bruder oder Schwester, Kinder, Freunde und Genossen, Verwandte und Sippen; davon gesondert, geschieden, entfernt und verlassen sein: Das nennt man, ihr Mönche, von Liebem getrennt sein zu Leiden. Was ist nun, ihr Mönche, was man begehrt nicht erlangen für Leiden? Die Wesen, ihr Mönche, der Geburt unterworfen, kommt das Begehren an: ‚O, dass wir doch nicht der Geburt unterworfen wären, dass uns doch keine Geburt bevorstände!'; aber das kann man durch Begehren nicht erreichen: Das nun eben nicht erlangen, was man begehrt, ist Leiden. Die Wesen, ihr Mönche, dem Alter, der Krankheit, dem Sterben, dem Kummer, Jammer, Schmerz, dem Gram, der Verzweiflung unterworfen, kommt das Begehren an: ‚O, dass wir doch nicht dem

Alter, der Krankheit, dem Sterben, dem Kummer, Jammer, Schmerz, dem Gram, der Verzweiflung unterworfen wären, dass uns doch kein Altern, Kranksein und Sterben, kein Kummer und Jammer und Schmerz, kein Gram und keine Verzweiflung bevorstände!'; aber das kann man durch Begehren nicht erreichen: Das nun eben nicht erlangen, was man begehrt, ist Leiden. Was sind aber, ihr Mönche, kurz gesagt, die fünf Stücke des Anhangens für Leiden? Es ist da ein Stück Anhangen an der Form, ein Stück Anhangen am Gefühl, ein Stück Anhangen an der Wahrnehmung, ein Stück Anhangen an der Unterscheidung, ein Stück Anhangen am Bewusstsein: Das nennt man, ihr Mönche, kurz gesagt, die fünf Stücke des Anhangens als Leiden. – Das heißt man, ihr Mönche, heilige Wahrheit vom Leiden.

Was ist aber, ihr Mönche, die heilige Wahrheit von der Leidensentwicklung? Es ist dieser Durst, der Wiederdasein säende, vergnügensgierverbundene, bald da bald dort sich ergetzende, ist der Geschlechtsdurst, der Daseinsdurst, der Wohlseinsdurst.

Dieser Durst nun aber, ihr Mönche, woraus entsteht der und entwickelt sich, wo sucht er sich einzunisten und setzt sich fest? Was in der Welt lieb erscheint, angenehm erscheint, daraus entsteht dieser Durst und entwickelt sich, da sucht er sich einzunisten und setzt sich fest. Was aber in der Welt erscheint lieb, erscheint angenehm? Das Gesicht in der Welt erscheint lieb, erscheint angenehm, daraus entsteht dieser Durst und entwickelt sich, da sucht er sich einzunisten und setzt sich fest. Das Gehör, der Geruch, der Geschmack, das Getast, das Gedenken in der Welt erscheint lieb, erscheint angenehm, daraus entsteht dieser Durst und entwickelt sich, da sucht er sich einzunisten und setzt sich fest.

Die Formen in der Welt erscheinen lieb, erscheinen angenehm, daraus entsteht dieser Durst und entwickelt sich, da sucht er sich einzunisten und setzt sich fest. Die Töne, die Düfte, die Säfte, die Tastungen, die Gedanken in der Welt erscheinen lieb, erscheinen angenehm, daraus entsteht dieser Durst und entwickelt sich, da sucht er sich einzunisten und setzt sich fest.

Das Sehbewusstsein in der Welt erscheint lieb, erscheint angenehm, daraus entsteht dieser Durst und entwickelt sich, da sucht er sich einzunisten und setzt sich fest. Das Hörbewusstsein, das Riechbewusstsein, das Schmeckbewusstsein, das Tastbewusstsein, das Denkbewusstsein in der Welt erscheint lieb, erscheint angenehm, daraus entsteht dieser Durst und entwickelt sich, da sucht er sich einzunisten und setzt sich fest.

Die Sehberührung, die Hörberührung, die Riechberührung, die Schmeckberührung, die Tastberührung, die Denkberührung in der Welt erscheint lieb, erscheint angenehm, daraus entsteht dieser Durst und entwickelt sich, da sucht er sich einzunisten und setzt sich fest. Durch Sehberührung erzeugtes Gefühl in der Welt erscheint lieb, erscheint angenehm, durch Hörberührung erzeugtes Gefühl, durch Riechberührung erzeugtes Gefühl, durch Schmeckberührung erzeugtes Gefühl, durch Tastberührung erzeugtes Gefühl, durch Denkberührung erzeugtes Gefühl in der Welt erscheint lieb, erscheint angenehm, daraus entsteht dieser Durst und entwickelt sich, da sucht er sich einzunisten und setzt sich fest.

Formwahrnehmung in der Welt erscheint lieb, erscheint angenehm, Hörwahrnehmung, Riechwahrnehmung, Schmeckwahrnehmung, Tastwahrnehmung, Denkwahrnehmung in der Welt erscheint lieb, erscheint angenehm, daraus entsteht dieser Durst und entwickelt sich, da sucht er sich einzunisten und setzt sich fest.

Formen verstehn in der Welt erscheint lieb, erscheint angenehm, Töne verstehn, Düfte verstehn, Säfte verstehn, Tastungen verstehn, Gedanken verstehn in der Welt erscheint lieb, erscheint angenehm, daraus entsteht dieser Durst und entwickelt sich, da sucht er sich einzunisten und setzt sich fest.

Formen erdürsten in der Welt erscheint lieb, erscheint angenehm, Töne erdürsten, Düfte erdürsten, Säfte erdürsten, Tastungen erdürsten, Gedanken erdürsten in der Welt erscheint lieb, erscheint angenehm, daraus entsteht dieser Durst und entwickelt sich, da sucht er sich einzunisten und setzt sich fest.

Formen überlegen in der Welt erscheint lieb, erscheint angenehm, Töne überlegen, Düfte überlegen, Säfte überlegen, Tastungen überlegen, Gedanken überlegen in der Welt erscheint lieb, erscheint angenehm, daraus entsteht dieser Durst und entwickelt sich, da sucht er sich einzunisten und setzt sich fest.

Formen erwägen in der Welt erscheint lieb, erscheint angenehm, Töne erwägen, Düfte erwägen, Säfte erwägen, Tastungen erwägen, Gedanken erwägen in der Welt erscheint lieb, erscheint angenehm, daraus entsteht dieser Durst und entwickelt sich, da sucht er sich einzunisten und setzt sich fest. – Das heißt man, ihr Mönche, heilige Wahrheit von der Leidensentwicklung.

Was ist aber, ihr Mönche, die heilige Wahrheit von der Leidensauflösung? Es ist ebendies Durstes vollkommen restlose Auflösung, ihn abstoßen, austreiben, fällen, vertilgen.

Dieser Durst nun aber, ihr Mönche, woraus wird der aufgehoben und vertrieben, wo aufgelöst und zerstört? Was in der Welt lieb erscheint, angenehm erscheint, daraus wird dieser Durst aufgehoben und vertrieben, da wird er aufgelöst und zerstört. Was aber in der Welt erscheint lieb, erscheint angenehm? Das Gesicht in der Welt erscheint lieb, erscheint angenehm, daraus wird dieser Durst aufgehoben und vertrieben, da wird er aufgelöst und zerstört. Das Gehör, der Geruch, der Geschmack, das Getast, das Gedenken in der Welt erscheint lieb, erscheint angenehm, daraus wird dieser Durst aufgehoben und vertrieben, da wird er aufgelöst und zerstört.

Die Formen in der Welt erscheinen lieb, erscheinen angenehm, daraus wird dieser Durst aufgehoben und vertrieben, da wird er aufgelöst und zerstört. Die Töne, die Düfte, die Säfte, die Tastungen, die Gedanken in der Welt erscheinen lieb, erscheinen angenehm, daraus wird dieser Durst aufgehoben und vertrieben, da wird er aufgelöst und zerstört.

Das Sehbewusstsein in der Welt erscheint lieb, erscheint angenehm, daraus wird dieser Durst aufgehoben und vertrieben, da wird er aufgelöst und zerstört. Das Hörbewusstsein, das Riechbewusstsein, das Schmeckbewusstsein, das Tastbewusstsein, das Denkbewusstsein in der Welt erscheint lieb, erscheint angenehm, daraus wird dieser Durst aufgehoben und vertrieben, da wird er aufgelöst und zerstört.

Die Sehberührung, die Hörberührung, die Riechberührung, die Schmeckberührung, die Tastberührung, die Denkberührung in der Welt erscheint lieb, erscheint angenehm, daraus wird dieser Durst aufgehoben und vertrieben, da wird er aufgelöst und zerstört. Durch Sehberührung erzeugtes Gefühl in der Welt erscheint lieb, erscheint angenehm, durch Hörberührung erzeugtes Gefühl, durch Riechberührung erzeugtes Gefühl, durch Schmeckberührung erzeugtes Gefühl, durch Tastberührung erzeugtes Gefühl, durch Denkberührung erzeugtes Gefühl in der Welt erscheint lieb, erscheint angenehm, daraus wird dieser Durst aufgehoben und vertrieben, da wird er aufgelöst und zerstört.

Formwahrnehmung in der Welt erscheint lieb, erscheint angenehm, Hörwahrnehmung, Riechwahrnehmung, Schmeckwahrnehmung, Tastwahrnehmung, Denkwahrnehmung in der Welt erscheint lieb, erscheint angenehm, daraus wird dieser Durst aufgehoben und vertrieben, da wird er aufgelöst und zerstört.

Formen verstehn in der Welt erscheint lieb, erscheint angenehm, Töne verstehn, Düfte verstehn, Säfte verstehn, Tastungen verstehn, Gedanken verstehn in der Welt erscheint lieb, erscheint angenehm, daraus wird dieser Durst aufgehoben und vertrieben, da wird er aufgelöst und zerstört.

Formen erdürsten in der Welt erscheint lieb, erscheint angenehm, Töne erdürsten, Düfte erdürsten, Säfte erdürsten, Tastungen erdürsten, Gedanken erdürsten in der Welt erscheint lieb, erscheint angenehm, daraus wird dieser Durst aufgehoben und vertrieben, da wird er aufgelöst und zerstört.

Formen überlegen in der Welt erscheint lieb, erscheint angenehm, Töne überlegen, Düfte überlegen, Säfte überlegen, Tastungen überlegen, Gedanken überlegen in der Welt erscheint lieb, erscheint angenehm, daraus wird dieser Durst aufgehoben und vertrieben, da wird er aufgelöst und zerstört.

Formen erwägen in der Welt erscheint lieb, erscheint angenehm, Töne erwägen, Düfte erwägen, Säfte erwägen, Tastungen erwägen, Gedanken erwägen in der Welt erscheint lieb, erscheint angenehm, daraus wird dieser Durst aufgehoben und vertrieben, da wird er aufgelöst und zerstört. – Das heißt man, ihr Mönche, heilige Wahrheit von der Leidensauflösung.

Was ist aber, ihr Mönche, die heilige Wahrheit von dem zur Leidensauflösung führenden Pfade? Dieser heilige achtfältige Weg ist es, der zur Leidensauflösung führende Pfad, nämlich: rechte Erkenntnis, rechte Gesinnung, rechte Rede, rechtes Handeln, rechtes Wandeln, rechtes Mühen, rechte Einsicht, rechte Einigung. – Was ist nun, ihr Mönche, rechte Erkenntnis? Das Leiden kennen, ihr Mönche, die Entwicklung des Leidens kennen, die Auflösung des Leidens kennen, den zur Auflösung des Leidens führenden Pfad kennen: Das nennt man, ihr Mönche, rechte Erkenntnis. Was ist nun, ihr Mönche, rechte Gesinnung? Entsagung sinnen, keinen Groll hegen, keine Wut hegen: Das nennt man, Mönche, rechte Gesinnung. Was ist nun, ihr Mönche, rechte Rede? Lüge vermeiden, Verleumdung vermeiden, barsche Worte vermeiden, Geschwätz vermeiden: Das nennt man, ihr Mönche, rechte Rede. Was ist nun, ihr Mönche, rechtes Handeln? Lebendiges umzubringen vermeiden, Nichtgegebenes zu nehmen vermeiden, Ausschweifung zu begehn vermeiden: Das nennt man, ihr Mönche, rechtes Handeln. Was ist nun, ihr Mönche, rechtes Wandeln? Da hat, ihr Mönche, der heilige Jünger falschen Wandel verlassen und fristet sein Leben auf rechte Weise: Das nennt man, ihr Mönche, rechtes Wandeln. Was ist nun, ihr Mönche, rechtes Mühen? Da weckt, ihr Mönche, der Mönch seinen Willen, dass er unaufgestiegene üble, unheilsame Dinge nicht aufsteigen lasse, er müht sich darum, mutig bestrebt, rüstet das Herz, macht es kampfbereit; weckt seinen Willen, dass er aufgestiegene üble, unheilsame Dinge vertreibe, er müht sich darum, mutig bestrebt, rüstet das Herz, macht es kampfbereit; weckt seinen Willen, dass er unaufgestiegene heilsame Dinge aufsteigen lasse, er müht sich darum, mutig bestrebt, rüstet das Herz, macht es kampfbereit; weckt seinen Willen, dass er aufgestiegene heilsame Dinge sich festigen, nicht lockern, weiterentwickeln, erschließen, entfalten, erfüllen lasse, er müht sich darum, mutig bestrebt, rüstet das Herz, macht es kampfbereit: Das nennt man, ihr Mönche, rechtes Mühen. Was ist nun, ihr Mönche, rechte Einsicht? Da wacht, ihr Mönche, der Mönch beim Körper über den Körper, unermüdlich, klaren Sinnes, einsichtig, nach Verwindung weltlichen Begehrens und Bekümmerns; wacht bei den Gefühlen über die Gefühle, unermüdlich, klaren Sinnes, einsichtig, nach Verwindung weltlichen Begehrens und Bekümmerns; wacht beim Gemüte über das Gemüt, unermüdlich, klaren Sinnes, einsichtig, nach Verwindung weltlichen Begehrens und Bekümmerns; wacht bei den Erscheinungen über die Erscheinungen, unermüdlich, klaren Sinnes, einsichtig, nach Verwindung weltlichen Begehrens und Bekümmerns: Das nennt man, ihr Mönche, rechte Einsicht. Was ist nun, ihr Mönche, rechte Einigung? Da weilt, ihr Mönche, der Mönch, gar fern von Begierden, fern von unheilsamen Dingen, in sinnend gedenkender ruhegeborener seliger Heiterkeit, in der Weihe der ersten Schauung. Nach Vollendung des Sinnens und Gedenkens erwirkt er die innere Meeresstille, die Einheit des Gemütes, die vom Sinnen, vom Gedenken freie, in der Einigung geborene selige Heiterkeit, die Weihe der zweiten Schauung. In heiterer Ruhe verweilt er gleichmütig, einsichtig, klar bewusst, ein Glück empfindet er im Körper, von dem die Heiligen sagen: ›Der gleichmütig Einsichtige lebt beglückt‹; so erwirkt er die Weihe der dritten Schauung. Nach Verwerfung der Freuden und Leiden, nach Vernichtung des einstigen Frohsinns und Trübsinns erwirkt er die Weihe der leidlosen, freudlosen, gleichmütig einsichtigen vollkommenen Reine, die vierte Schauung. Das nennt man, ihr Mönche, rechte Einigung. – Das heißt man, ihr Mönche, heilige Wahrheit von dem zur Leidensauflösung führenden Pfade.

So wacht er nach innen bei den Erscheinungen über die Erscheinungen, so wacht er nach außen bei den Erscheinungen über die Erscheinungen, nach innen und außen wacht er bei den Erscheinungen über die Erscheinungen. Er beobachtet, wie die Erscheinungen entstehn, beobachtet, wie die Erscheinungen vergehn, beobachtet, wie die Erscheinungen entstehn und vergehn. ›Die Erscheinungen sind da‹: Diese Einsicht ist ihm nun gegenwärtig, soweit sie eben zum Wissen taugt, zur Besinnung taugt; und uneingepflanzt verharrt er, und nirgend in der Welt ist er angehangen. So aber, ihr Mönche, wacht der Mönch bei den Erscheinungen über das Erscheinen der vier heiligen Wahrheiten.

Wer auch immer, ihr Mönche, diese vier Pfeiler der Einsicht sieben Jahre also behaupten kann, dem mag eins von beiden zur Reife gedeihen: Gewissheit bei Lebzeiten oder, ist ein Rest Hangen da, Nichtwiederkehr. Sei es, ihr Mönche, um die sieben Jahre: Wer auch immer, ihr Mönche, diese vier Pfeiler der Einsicht sechs Jahre, fünf Jahre, vier Jahre, drei Jahre, zwei Jahre, ein Jahr also behaupten kann, dem mag eins von beiden zur Reife gedeihen: Gewissheit bei Lebzeiten oder, ist ein Rest Hangen da, Nichtwiederkehr. Sei es, ihr Mönche, um das eine Jahr: Wer auch immer, ihr Mönche, diese vier Pfeiler der Einsicht sieben Monate also behaupten kann, dem mag eins von beiden zur Reife gedeihen: Gewissheit bei Lebzeiten oder, ist ein Rest Hangen da, Nichtwiederkehr. Sei es, ihr Mönche, um die sieben Monate: Wer auch immer, ihr Mönche, diese vier Pfeiler der Einsicht sechs Monate, fünf Monate, vier Monate, drei Monate, zwei Monate, einen Monat, einen halben Monat also behaupten kann, dem mag eins von beiden zur Reife gedeihen: Gewissheit bei Lebzeiten oder, ist ein Rest Hangen da, Nichtwiederkehr. Sei es, ihr Mönche, um den halben Monat: Wer auch immer, ihr Mönche, diese vier Pfeiler der Einsicht sieben Tage also behaupten kann, dem mag eins von beiden zur Reife gedeihen: Gewissheit bei Lebzeiten oder, ist ein Rest Hangen da, Nichtwiederkehr.

‚Der gerade Weg, ihr Mönche, der zur Läuterung der Wesen, zur Überwältigung des Schmerzes und Jammers, zur Zerstörung des Leidens und der Trübsal, zur Gewinnung des Rechten, zur Verwirklichung der Erlöschung führt, das sind die vier Pfeiler der Einsicht‘: wurde das gesagt, so war es darum gesagt.«

Also sprach der Erhabene. Zufrieden freuten sich jene Mönche über das Wort des Erhabenen.

VOM ERREICHEN DES UNERREICHTEN

BEDACHTSAME EIN- UND AUSATMUNG

Das hab' ich gehört. Zu einer Zeit weilte der Erhabene bei Sāvatthī, im Osthaine, auf Mutter Migāros Terrasse, mit gar manchen wohl bekannten Oberen, wohl bekannten Jüngern, mit dem ehrwürdigen Sāriputto und dem ehrwürdigen Mahāmoggallāno, mit dem ehrwürdigen Mahākassapo und dem ehrwürdigen Mahākaccāyano, mit dem ehrwürdigen Mahākotthito und dem ehrwürdigen Mahākappino, mit dem ehrwürdigen Mahācundo und dem ehrwürdigen Anuruddho, mit dem ehrwürdigen Revato und dem ehrwürdigen Ānando und mit anderen wohl bekannten Oberen, wohl bekannten Jüngern beisammen.

Um diese Zeit nun unterwiesen und belehrten die oberen der Mönche die neu aufgenommenen. Einige der oberen Mönche unterwiesen und belehrten etwa zehn der neuen Mönche, andere der oberen Mönche unterwiesen und belehrten ihrer etwa zwanzig, einige wieder der oberen Mönche unterwiesen und belehrten ihrer etwa dreißig, andere wieder der oberen Mönche unterwiesen und belehrten ihrer etwa vierzig. Und diese neuen Mönche, von den oberen der Mönche unterwiesen und belehrt, erfanden ein großes, allmählich gemerktes Ergebnis.

Damals nun hatte der Erhabene – es war ein Feiertag, im halben Monat, zur Offenbarung, in der voll aufgegangenen Mondnacht – inmitten der Mönchsgemeinde unter freiem Himmel Platz genommen. Und der Erhabene blickte über die still gewordene, lautlose Schar der Mönche hin und wandte sich also an sie:

»Erstarkt bin ich, ihr Mönche, auf also beschrittenem Pfade, erstarkt im Herzen bin ich, ihr Mönche, auf also beschrittenem Pfade: Wohlan denn, ihr Mönche, immer noch stärker müsst ihr da werden, um das Unerreichte zu erreichen, um das Unerlangte zu erlangen, um das Unverwirklichte zu verwirklichen. Ich werde nunmehr Sāvatthī am letzten herbstlichen Vollmonde verlassen.«

Es kam nun den Mönchen im Lande zu Ohren: ›Der Erhabene, heißt es, wird gar bald von Sāvatthī, am letzten herbstlichen Vollmonde fortziehn.‹ Da machten sich denn die Mönche im Lande gen Sāvatthī auf, den Erhabenen zu besuchen.

Die oberen der Mönche aber unterwiesen und belehrten die neu hinzugekommenen immer genauer noch. Einige der oberen Mönche unterwiesen und belehrten etwa zehn der neuen Mönche, andere der oberen Mönche unterwiesen und belehrten ihrer etwa zwanzig, einige wieder der oberen Mönche unterwiesen und belehrten ihrer etwa dreißig, andere wieder der oberen Mönche unterwiesen und belehrten ihrer etwa vierzig. Und diese neuen Mönche, von den oberen der Mönche unterwiesen und belehrt, erfanden ein großes, allmählich gemerktes Ergebnis.

Als nun die Zeit angebrochen war, hatte der Erhabene an diesem Feiertage, im halben Monat, am letzten Herbsteswechsel, in der voll aufgegangenen Mondnacht, inmitten der Mönchgemeinde unter freiem Himmel Platz genommen. Und der Erhabene blickte über die still gewordene, lautlose Schar der Mönche hin und wandte sich also an sie:

»Keine Worte wechselt, ihr Mönche, diese Versammlung, keine Worte äußert, ihr Mönche, diese Versammlung, ist rein aus dem Kerne bestanden. Solcherart ist, ihr Mönche, diese Jüngerschar, solcherart ist, ihr Mönche, diese Versammlung, dass sie Opfer und Spende, Gabe und Gruß verdient, heiligste Stätte der Welt ist. Solcherart ist, ihr Mönche, diese Jüngerschar, solcherart ist, ihr Mönche, diese Versammlung, dass bei ihr geringe Gabe als groß gilt und große Gabe als größer. Solcherart ist, ihr Mönche, diese Jüngerschar, solcherart ist, ihr Mönche, diese Versammlung, wie eine solche schwer zu finden ist in der Welt. Solcherart ist, ihr Mönche, diese Jüngerschar, solcherart ist, ihr Mönche, diese Versammlung, dass man gern etliche Meilen geht, um sie zu sehn, und sei es auch nur von rückwärts.

Solcherart ist, ihr Mönche, diese Jüngerschar, solcherart ist, ihr Mönche, diese Versammlung, dass es da, ihr Mönche, unter diesen Jüngern Mönche gibt, die Heilige, Wahnversieger, Endiger sind, die das Werk gewirkt, die Last abgelegt, das Heil sich errungen, die Daseinsfesseln vernichtet, sich durch vollkommene Erkenntnis erlöst haben: Eben solche Mönche gibt es, ihr Mönche, unter diesen Jüngern. Es gibt, ihr Mönche, Mönche unter diesen Jüngern, die nach Vernichtung der fünf niederzerrenden Fesseln emporsteigen, um von dort aus zu erlöschen, nicht mehr zurückzukehren nach jener Welt: Auch solche Mönche gibt es, ihr Mönche, unter diesen Jüngern. Es gibt, ihr Mönche, Mönche unter diesen Jüngern, die nach Vernichtung der drei Fesseln, von Gier, Hass und Irre erleichtert, fast schon geläutert, nur einmal wiederkehren, nur einmal noch zu dieser Welt gekommen dem Leiden ein Ende machen werden: Auch solche Mönche gibt es, ihr Mönche, unter diesen Jüngern. Es gibt, ihr Mönche, Mönche unter diesen Jüngern, die nach Vernichtung der drei Fesseln zur Hörerschaft gelangen, dem Verderben entronnen zielbewusst der vollen Erwachung entgegeneilen: Auch solche Mönche gibt es, ihr Mönche, unter diesen Jüngern.

Es gibt, ihr Mönche, Mönche unter diesen Jüngern, die als Eroberer der vier Pfeiler der Einsicht beharrlich ausharren: Auch solche Mönche gibt es, ihr Mönche, unter diesen Jüngern. Es gibt, ihr Mönche, Mönche unter diesen Jüngern, die als Eroberer der vier gewaltigen Kämpfe beharrlich ausharren: Auch solche Mönche gibt es, ihr Mönche, unter diesen Jüngern. Es gibt, ihr Mönche, Mönche unter diesen Jüngern, die als Eroberer der vier Machtgebiete, der fünf Fähigkeiten, der fünf Vermögen, der sieben Erweckungen, des heiligen achtfältigen Weges beharrlich ausharren: Auch solche Mönche gibt es, ihr Mönche, unter diesen Jüngern.

Es gibt, ihr Mönche, Mönche unter diesen Jüngern, die als Eroberer liebevollen Gemütes beharrlich ausharren: Auch solche Mönche gibt es, ihr Mönche, unter diesen Jüngern. Es gibt, ihr Mönche, Mönche unter diesen Jüngern, die als Eroberer erbarmenden Gemütes, freudevollen Gemütes, unbewegten Gemütes beharrlich ausharren: Auch solche Mönche gibt es, ihr Mönche, unter diesen Jüngern.

Es gibt, ihr Mönche, Mönche unter diesen Jüngern, die als Eroberer im Schauder beharrlich ausharren: Auch solche Mönche gibt es, ihr Mönche, unter diesen Jüngern. Es gibt, ihr Mönche, Mönche unter diesen Jüngern, die als Eroberer im Wahrnehmen der Wandelbarkeit beharrlich ausharren: Auch solche Mönche gibt es, ihr Mönche, unter diesen Jüngern.

Es gibt, ihr Mönche, Mönche unter diesen Jüngern, die als Eroberer in bedachtsam geübter Ein- und Ausatmung beharrlich ausharren. Ein- und Ausatmung, ihr Mönche, bedachtsam geübt und gepflegt, lässt hohen Lohn erlangen, hohe Förderung. Ein- und Ausatmung, ihr Mönche, bedachtsam geübt und gepflegt, lassen die vier Pfeiler der Einsicht zustande kommen; die vier Pfeiler der Einsicht, bedachtsam geübt und gepflegt, lassen die sieben Erweckungen zustande kommen; die sieben Erweckungen, bedachtsam geübt und gepflegt, lassen die wissende Erlösung zustande kommen.

Wie aber wird bedachtsam, ihr Mönche, Ein- und Ausatmung geübt, wie gepflegt, auf dass sie hohen Lohn verleihe, hohe Förderung? Da begibt sich, ihr Mönche, der Mönch ins Innere des Waldes oder unter einen großen Baum oder in eine leere Klause, setzt sich mit verschränkten Beinen nieder, den Körper gerade aufgerichtet, und pflegt der Einsicht. Bedächtig atmet er ein, bedächtig atmet er aus. Atmet er tief ein, so weiß er, ›Ich atme tief ein‹, atmet er tief aus, so weiß er, ›Ich atme tief aus‹; atmet er kurz ein, so weiß er, ›Ich atme kurz ein‹, atmet er kurz aus, so weiß er, ›Ich atme kurz aus‹. ›Den ganzen Körper empfindend will ich einatmen‹, ›Den ganzen Körper empfindend will ich ausatmen‹, so übt er sich. ›Diese Körperverbindung besänftigend will ich einatmen‹, ›Diese Körperverbindung besänftigend will ich ausatmen‹, so übt er sich. ›Heiter empfindend will ich einatmen‹, ›Heiter empfindend will ich ausatmen‹, so übt er sich. ›Selig empfindend will ich einatmen‹, ›Selig empfindend will ich ausatmen‹, so übt er sich. ›Die Gedankenverbindung empfindend will ich einatmen‹, ›Die Gedankenverbindung empfindend will ich ausatmen‹, so übt er sich. ›Diese Gedankenverbindung besänftigend will ich einatmen‹, ›Diese Gedankenverbindung besänftigend will ich ausatmen‹, so übt er sich. ›Die Gedanken empfindend will ich einatmen‹, ›Die Gedanken empfindend will ich ausatmen‹, so übt er sich. ›Die Gedanken ermunternd will ich einatmen‹, ›Die Gedanken ermunternd will ich ausatmen‹, so übt er sich. ›Die Gedanken einigend will ich einatmen‹, ›Die Gedanken einigend will ich ausatmen‹, so übt er sich. ›Die Gedanken lösend will ich einatmen‹, ›Die Gedanken lösend will ich ausatmen‹, so übt er sich. ›Die Vergänglichkeit wahrnehmend will ich einatmen‹, ›Die Vergänglichkeit wahrnehmend will ich ausatmen‹, so übt er sich. ›Die Reizlosigkeit wahrnehmend will ich einatmen‹, ›Die Reizlosigkeit wahrnehmend will ich ausatmen‹, so übt er sich. ›Die Ausrodung wahrnehmend will ich einatmen‹, ›Die Ausrodung wahrnehmend will ich ausatmen‹, so übt er sich. ›Die Entfremdung wahrnehmend will ich einatmen‹, ›Die Entfremdung wahrnehmend will ich ausatmen‹, so übt er sich. Also wird bedachtsam, ihr Mönche, Ein- und Ausatmung geübt, also gepflegt, auf dass sie hohen Lohn verleihe, hohe Förderung.

Wie aber werden bedachtsam, ihr Mönche, Ein- und Ausatmungen geübt, wie gepflegt, auf dass sie die vier Pfeiler der Einsicht zustande bringen? Zu einer Zeit, ihr Mönche, wo der Mönch, tief einatmend, weiß, ›Ich atme tief ein‹, tief ausatmend, weiß, ›Ich atme tief aus‹; kurz einatmend, weiß, ›Ich atme kurz ein‹, kurz ausatmend, weiß, ›Ich atme kurz aus‹; ›Den ganzen Körper empfindend will ich einatmen‹, ›Den ganzen Körper empfindend will ich ausatmen‹, so sich übt; ›Diese Körperverbindung besänftigend will ich einatmen‹, ›Diese Körperverbindung besänftigend will ich ausatmen‹, so sich übt: Zu einer solchen Zeit wacht, ihr Mönche, der Mönch beim Körper über den Körper, unermüdlich, klaren Sinnes, einsichtig, nach Verwindung weltlichen Begehrens und Bekümmerns. Bei den Körpern nenne ich es, ihr Mönche, den Körper verändern, nämlich das Einatmen und das Ausatmen: Darum aber, ihr Mönche, wacht der Mönch zu einer solchen Zeit beim Körper über den Körper, unermüdlich, klaren Sinnes, einsichtig, nach Verwindung weltlichen Begehrens und Bekümmerns. – Zu einer Zeit, ihr Mönche, wo der Mönch ›Heiter empfindend will ich einatmen‹, ›Heiter empfindend will ich ausatmen‹, so sich übt; ›Selig empfindend will ich einatmen‹, ›Selig empfindend will ich ausatmen‹, so sich übt; ›Die Gedankenverbindung empfindend will ich einatmen‹, ›Die Gedankenverbindung empfindend will ich ausatmen‹, so sich übt; ›Diese Gedankenverbindung besänftigend will ich einatmen‹, ›Diese Gedankenverbindung besänftigend will ich ausatmen‹, so sich übt: Zu einer solchen Zeit wacht, ihr Mönche, der Mönch bei den Gefühlen über die Gefühle, unermüdlich, klaren Sinnes, einsichtig, nach Verwindung weltlichen Begehrens und Bekümmerns. Bei den Gefühlen nenne ich es, ihr Mönche, das Gefühl verändern, nämlich beim Einatmen und Ausatmen wohl darauf Acht haben: Darum aber, ihr Mönche, wacht der Mönch zu einer solchen Zeit bei den Gefühlen über die Gefühle, unermüdlich, klaren Sinnes, einsichtig, nach Verwindung weltlichen Begehrens und Bekümmerns. – Zu einer Zeit, ihr Mönche, wo der Mönch ›Die Gedanken empfindend will ich einatmen‹, ›Die Gedanken empfindend will ich ausatmen‹, so sich übt; ›Die Gedanken ermunternd will ich einatmen‹, ›Die Gedanken ermunternd will ich ausatmen‹, so sich übt; ›Die Gedanken einigend will ich einatmen‹, ›Die Gedanken einigend will ich ausatmen‹, so sich übt; ›Die Gedanken lösend will ich einatmen‹, ›Die Gedanken lösend will ich ausatmen‹, so sich übt: Zu einer solchen Zeit wacht, ihr Mönche, der Mönch beim Gemüte über das Gemüt, unermüdlich, klaren Sinnes, einsichtig, nach Verwindung weltlichen Begehrens und Bekümmerns. Nicht kann, ihr Mönche, sag' ich, ein unbesonnener Mensch, der unklar denkt, bedachtsam Ein- und Ausatmung üben: Darum aber, ihr Mönche, wacht der Mönch zu einer solchen Zeit beim Gemüte über das Gemüt, unermüdlich, klaren Sinnes, einsichtig, nach Verwindung weltlichen Begehrens und Bekümmerns. – Zu einer Zeit, ihr Mönche, wo der Mönch ›Die Vergänglichkeit wahrnehmend will ich einatmen‹, ›Die Vergänglichkeit wahrnehmend will ich ausatmen‹, so sich übt; ›Die Reizlosigkeit wahrnehmend will ich einatmen‹, ›Die

Reizlosigkeit wahrnehmend will ich ausatmen‹, so sich übt; ›Die Ausrodung wahrnehmend will ich einatmen‹, ›Die Ausrodung wahrnehmend will ich ausatmen‹, so sich übt; ›Die Entfremdung wahrnehmend will ich einatmen‹, ›Die Entfremdung wahrnehmend will ich ausatmen‹, so sich übt: Zu einer solchen Zeit wacht, ihr Mönche, der Mönch bei den Erscheinungen über die Erscheinungen, unermüdlich, klaren Sinnes, einsichtig, nach Verwindung weltlichen Begehrens und Bekümmerns. Und wie da Begehren und Bekümmern überstanden wird, hat er weise gemerkt und wohl hat er es ausgeglichen: Darum aber, ihr Mönche, wacht der Mönch zu einer solchen Zeit bei den Erscheinungen über die Erscheinungen, unermüdlich, klaren Sinnes, einsichtig, nach Verwindung weltlichen Begehrens und Bekümmerns. Also werden bedachtsam, ihr Mönche, Ein- und Ausatmungen geübt, also gepflegt, und lassen die vier Pfeiler der Einsicht zustande kommen.

Wie aber werden, ihr Mönche, die vier Pfeiler der Einsicht geübt, wie gepflegt, auf dass sie die sieben Erweckungen zustande bringen? Zu einer Zeit, ihr Mönche, wo der Mönch beim Körper über den Körper wacht, unermüdlich, klaren Sinnes, einsichtig, nach Verwindung weltlichen Begehrens und Bekümmerns, gewärtig hat er zu einer solchen Zeit die Einsicht, unverrückbar; zu einer Zeit, ihr Mönche, wo der Mönch die Einsicht gewärtig hat, unverrückbar, der Einsicht Erweckung hat er zu dieser Zeit erwirkt, der Einsicht Erweckung vollbringt er da, der Einsicht Erweckung wird da von ihm zur Vollendung gebracht. Also besonnen weilend zerlegt er weise den Sinn, zerteilt ihn, dringt in seine Tiefe ein; zu einer

Zeit, ihr Mönche, wo der Mönch also besonnen weilend weise den Sinn zerlegt, ihn zerteilt, in seine Tiefe eindringt, des Tiefsinns Erweckung hat er zu dieser Zeit erwirkt, des Tiefsinns Erweckung vollbringt er da, des Tiefsinns Erweckung wird da von ihm zur Vollendung gebracht. Also den Sinn weise zerlegend, ihn zerteilend, in seine Tiefe eindringend erwirkt er Kraft, unbeugsame; zu einer Zeit, ihr Mönche, wo der Mönch also den Sinn weise zerlegend, ihn zerteilend, in seine Tiefe eindringend Kraft erwirkt, unbeugsame, der Kraft Erweckung hat er zu dieser Zeit erwirkt, der Kraft Erweckung vollbringt er da, der Kraft Erweckung wird da von ihm zur Vollendung gebracht. Hat er Kraft erwirkt, erhebt sich in ihm eine überweltliche Heiterkeit; zu einer Zeit, ihr Mönche, wo der Mönch Kraft erwirkt hat und in ihm eine überweltliche Heiterkeit aufgeht, der Heiterkeit Erweckung hat er zu dieser Zeit erwirkt, der Heiterkeit Erweckung vollbringt er da, der Heiterkeit Erweckung wird da von ihm zur Vollendung gebracht. Hat er Heiterkeit im Herzen, wird er lind im Leibe, lind im Gemüte; zu einer Zeit, ihr Mönche, wo der Mönch Heiterkeit im Herzen hat und lind im Leibe, lind im Gemüte wird, der Lindheit Erweckung hat er zu dieser Zeit erwirkt, der Lindheit Erweckung vollbringt er da, der Lindheit Erweckung wird da von ihm zur Vollendung gebracht. Hat er selig den Leib gelindert, wird ihm das Gemüt einig; zu einer Zeit, ihr Mönche, wo der Mönch selig den Leib gelindert hat und das Gemüt ihm einig wird, der Innigkeit Erweckung hat er zu dieser Zeit erwirkt, der Innigkeit Erweckung vollbringt er da, der Innigkeit Erweckung wird da von ihm zur Vollendung gebracht. Also einig geworden im Gemüte hat er es wohl ausgeglichen; zu einer Zeit, ihr Mönche, wo der Mönch also einig geworden im Gemüte es wohl ausgeglichen hat, des Gleichmuts Erweckung hat er zu dieser Zeit erwirkt, des Gleichmuts Erweckung vollbringt er da, des Gleichmuts Erweckung wird da von ihm zur Vollendung gebracht.

Zu einer Zeit, ihr Mönche, wo der Mönch bei den Gefühlen über die Gefühle wacht, beim Gemüte über das Gemüt wacht, bei den Erscheinungen über die Erscheinungen wacht, unermüdlich, klaren Sinnes, einsichtig, nach Verwindung weltlichen Begehrens und Bekümmerns, gewärtig hat er zu einer solchen Zeit die Einsicht, unverrückbar; zu einer Zeit, ihr Mönche, wo der Mönch die Einsicht gewärtig hat, unverrückbar, der Einsicht Erweckung hat er zu dieser Zeit erwirkt, der Einsicht Erweckung vollbringt er da, der Einsicht Erweckung wird da von ihm zur Vollendung gebracht. Also besonnen weilend zerlegt er weise den Sinn, zerteilt ihn, dringt in seine Tiefe ein; zu einer Zeit, ihr Mönche, wo der Mönch also besonnen weilend weise den Sinn zerlegt, ihn zerteilt, in seine Tiefe eindringt, des Tiefsinns Erweckung hat er zu dieser Zeit erwirkt, des Tiefsinns Erweckung vollbringt er da, des Tiefsinns Erweckung wird da von ihm zur Vollendung gebracht. Also den Sinn weise zerlegend, ihn zerteilend, in seine Tiefe eindringend erwirkt er Kraft, unbeugsame; zu einer Zeit, ihr Mönche, wo der Mönch also den Sinn weise zerlegend, ihn zerteilend, in seine Tiefe eindringend Kraft erwirkt, unbeugsame, der Kraft Erweckung hat er zu dieser Zeit erwirkt, der Kraft Erweckung vollbringt er da, der Kraft Erweckung wird da von ihm zur Vollendung gebracht. Hat er Kraft erwirkt, erhebt sich in ihm eine überweltliche Heiterkeit; zu einer Zeit, ihr Mönche, wo der Mönch Kraft erwirkt hat und in ihm eine überweltliche Heiterkeit aufgeht, der Heiterkeit Erweckung hat er zu dieser Zeit erwirkt, der Heiterkeit Erweckung vollbringt er da, der Heiterkeit Erweckung wird da von ihm zur Vollendung gebracht. Hat er Heiterkeit im Herzen, wird er lind im Leibe, lind im Gemüte; zu einer Zeit, ihr Mönche, wo der Mönch Heiterkeit im Herzen hat und lind im Leibe, lind im Gemüte wird, der Lindheit Erweckung hat er zu dieser Zeit erwirkt, der Lindheit Erweckung vollbringt er da, der Lindheit Erweckung wird da von ihm zur Vollendung gebracht. Hat er selig den Leib gelindert, wird ihm das Gemüt einig; zu einer Zeit, ihr Mönche, wo der Mönch selig den Leib gelindert hat und das Gemüt ihm einig wird, der Innigkeit Erweckung hat er zu dieser Zeit erwirkt, der Innigkeit Erweckung vollbringt er da, der Innigkeit Erweckung wird da von ihm zur Vollendung gebracht. Also einig geworden im Gemüte hat er es wohl ausgeglichen; zu einer Zeit, ihr Mönche, wo der Mönch also einig geworden im Gemüte es wohl ausgeglichen hat, des Gleichmuts Erweckung hat er zu dieser Zeit erwirkt, des Gleichmuts Erweckung vollbringt er da, des Gleichmuts Erweckung wird da von ihm zur Vollendung gebracht.

Also werden, ihr Mönche, die vier Pfeiler der Einsicht geübt, also gepflegt, und lassen die sieben Erweckungen zustande kommen.

Wie aber werden, ihr Mönche, die sieben Erweckungen geübt, wie gepflegt, auf dass sie die wissende Erlösung zustande bringen? Da übt, ihr Mönche, der Mönch der Einsicht Erweckung, die abgeschieden gezeugte, abgelöst gezeugte, ausgerodet gezeugte, die in Endsal übergeht; übt des Tiefsinns Erweckung, die abgeschieden gezeugte, abgelöst gezeugte, ausgerodet gezeugte, die in Endsal übergeht; übt der Kraft Erweckung, die abgeschieden gezeugte, abgelöst gezeugte, ausgerodet gezeugte, die in Endsal übergeht; übt der Heiterkeit Erweckung, die abgeschieden gezeugte, abgelöst gezeugte, ausgerodet gezeugte, die in Endsal übergeht; übt der Lindheit Erweckung, die abgeschieden gezeugte, abgelöst gezeugte, ausgerodet gezeugte, die in Endsal übergeht; übt der Innigkeit Erweckung, die abgeschieden gezeugte, abgelöst gezeugte, ausgerodet gezeugte, die in Endsal übergeht; übt des Gleichmuts Erweckung, die abgeschieden gezeugte, abgelöst gezeugte, ausgerodet gezeugte, die in Endsal übergeht. Also werden, ihr Mönche, die sieben Erweckungen geübt, also gepflegt, und lassen die wissende Erlösung zustande kommen.«

Also sprach der Erhabene. Zufrieden freuten sich jene Mönche über das Wort des Erhabenen.

VOLLMOND

Das hab' ich gehört. Zu einer Zeit weilte der Erhabene bei Sāvatthī, im Osthaine, auf Mutter Migāros Terrasse.

Um diese Zeit nun hatte der Erhabene – es war ein Feiertag, im halben Monat, in der voll aufgegangenen Mondnacht – inmitten der Mönchsgemeinde unter freiem Himmel Platz genommen.

Da stand nun einer der Mönche auf, schlug den Mantel um die eine Schulter, verneigte sich ehrerbietig vor dem Erhabenen und sprach also:

»Darf ich, o Herr, den Erhabenen über irgendetwas befragen, wenn mir der Erhabene der Frage Beantwortung gewähren will?«

»Wohlan denn, o Mönch, setze dich auf deinen Platz und frage nach Belieben.«

Und jener Mönch setzte sich auf seinen Platz und sprach also zum Erhabenen:

»Sind das, o Herr, die fünf Stücke des Anhangens, als da ist ein Stück Anhangen an der Form, ein Stück Anhangen am Gefühl, ein Stück Anhangen an der Wahrnehmung, ein Stück Anhangen an der Unterscheidung, ein Stück Anhangen am Bewusstsein?«

»Das sind, Mönch, die fünf Stücke des Anhangens.«

»Gut, o Herr!«, sagte da jener Mönch, erfreut und befriedigt durch des Erhabenen Rede, und stellte nun eine fernere Frage:

»Und diese fünf Stücke des Anhangens, o Herr, wo wurzeln die?«

»Diese fünf Stücke des Anhangens, Mönch, wurzeln im Willen.«

»Ist nun, o Herr, Anhangen und die fünf Stücke des Anhangens ein und dasselbe, oder gibt es ein Anhangen außer den fünf Stücken des Anhangens?«

»Nicht ist, Mönch, Anhangen und die fünf Stücke des Anhangens ein und dasselbe, doch gibt es kein Anhangen außer den fünf Stücken des Anhangens: Was da, Mönch, bei den fünf Stücken des Anhangens Willensreiz ist, das ist dabei Anhangen.«

»Und kann, o Herr, bei den fünf Stücken des Anhangens eine Verschiedenheit des Willensreizes bestehn?«

»Kann sein, Mönch«, sagte der Erhabene. »Da hat einer, Mönch, den Wunsch: ›So sei meine künftige Form, so sei mein künftiges Gefühl, so sei meine künftige Wahrnehmung, so sei meine künftige Unterscheidung, so sei mein künftiges Bewusstsein.‹ So kann, Mönch, bei den fünf Stücken des Anhangens eine Verschiedenheit des Willensreizes bestehn.«

»Inwiefern aber, o Herr, kommt den Stücken die Bezeichnung Stücke zu?«

»Was es auch, Mönch, an Form gibt, vergangene, zukünftige, gegenwärtige, eigene oder fremde, grobe oder feine, gemeine oder edle, ferne oder nahe, ist ein Stück

Form; was es auch an Gefühl gibt, vergangenes, zukünftiges, gegenwärtiges, eigenes oder fremdes, grobes oder feines, gemeines oder edles, fernes oder nahes, ist ein Stück Gefühl; was es auch an Wahrnehmung gibt, vergangene, zukünftige, gegenwärtige, eigene oder fremde, grobe oder feine, gemeine oder edle, ferne oder nahe, ist ein Stück Wahrnehmung; was es auch an Unterscheidungen gibt, vergangene, zukünftige, gegenwärtige, eigene oder fremde, grobe oder feine, gemeine oder edle, ferne oder nahe, ist ein Stück Unterscheidung; was es auch an Bewusstsein gibt, vergangenes, zukünftiges, gegenwärtiges, eigenes oder fremdes, grobes oder feines, gemeines oder edles, fernes oder nahes, ist ein Stück Bewusstsein. Insofern, Mönch, kommt den Stücken die Bezeichnung Stücke zu.«

»Was ist nun, o Herr, der Anlass, was ist der Grund, dass ein Stück Form erscheinen kann, was ist der Anlass, was ist der Grund, dass ein Stück Gefühl erscheinen kann, was ist der Anlass, was ist der Grund, dass ein Stück Wahrnehmung erscheinen kann, was ist der Anlass, was ist der Grund, dass ein Stück Unterscheidung erscheinen kann, was ist der Anlass, was ist der Grund, dass ein Stück Bewusstsein erscheinen kann?«

»Die vier Hauptstoffe, Mönch, sind der Anlass, die vier Hauptstoffe sind der Grund, dass ein Stück Form erscheinen kann, Berührung ist der Anlass, Berührung ist der Grund, dass ein Stück Gefühl erscheinen kann, Berührung ist der Anlass, Berührung ist der Grund, dass ein Stück Wahrnehmung erscheinen kann, Berührung ist der Anlass, Berührung ist der Grund, dass ein Stück Unterscheidung erscheinen kann, Bild und

Begriff ist, Mönch, der Anlass, Bild und Begriff ist der Grund, dass ein Stück Bewusstsein erscheinen kann.«

»Wie aber kann, o Herr, der Glaube an Persönlichkeit aufkommen?«

»Da hat einer, Mönch, nichts erfahren, ist ein gewöhnlicher Mensch, ohne Sinn für das Heilige, der heiligen Lehre unkundig, der heiligen Lehre unzugänglich, ohne Sinn für das Edle, der Lehre der Edlen unkundig, der Lehre der Edlen unzugänglich und betrachtet die Form als sich selbst oder sich selbst als formähnlich oder in sich selbst die Form oder in der Form sich selbst; er betrachtet das Gefühl, die Wahrnehmung, die Unterscheidungen, das Bewusstsein als sich selbst oder sich selbst als diesen ähnlich oder in sich selbst diese oder in diesen sich selbst. So kann, Mönch, der Glaube an Persönlichkeit aufkommen.«

»Und wie kann, o Herr, der Glaube an Persönlichkeit nicht aufkommen?«

»Da hat einer, Mönch, als erfahrener heiliger Jünger das Heilige gemerkt, ist der heiligen Lehre kundig, der heiligen Lehre wohl zugänglich, hat das Edle gemerkt, ist der Lehre der Edlen kundig, der Lehre der Edlen wohl zugänglich und betrachtet die Form nicht als sich selbst noch sich selbst als formähnlich noch in sich selbst die Form noch in der Form sich selbst; er betrachtet das Gefühl, die Wahrnehmung, die Unterscheidungen, das Bewusstsein nicht als sich selbst noch sich selbst als diesen ähnlich noch in sich selbst diese noch in diesen sich selbst. So kann, Mönch, der Glaube an Persönlichkeit nicht aufkommen.«

»Was ist nun, o Herr, bei der Form Labsal, was Elend und was Überwindung? Was ist beim Gefühl, bei der Wahrnehmung, bei den Unterscheidungen, beim Bewusstsein Labsal, was Elend und was Überwindung?«

»Was da, Mönch, Wohl und Erwünschtes der Form gemäß geht, ist bei der Form Labsal; was als Form vergänglich ist, wehe, wandelbar, ist bei der Form Elend; was bei der Form Verneinung des Willensreizes ist, Verleugnung des Willensreizes, ist bei der Form Überwindung. Was da, Mönch, Wohl und Erwünschtes dem Gefühle, der Wahrnehmung, den Unterscheidungen, dem Bewusstsein gemäß geht, ist dabei Labsal; was als Gefühl, als Wahrnehmung, als Unterscheidung, als Bewusstsein vergänglich ist, wehe, wandelbar, ist dabei Elend; was beim Gefühle, bei der Wahrnehmung, bei den Unterscheidungen, beim Bewusstsein Verneinung des Willensreizes ist, Verleugnung des Willensreizes, ist dabei Überwindung.«

»Wie aber können, o Herr, einen Wissenden, wie einen Sehenden, bei allen äußeren Eindrücken auf diesen mit Bewusstsein behafteten Körper da, der Ichheit und Meinheit Dünkelanwandlungen nicht ankommen?«

»Was es auch, Mönch, für eine Form sei, vergangene, zukünftige, gegenwärtige, eigene oder fremde, grobe oder feine, gemeine oder edle, ferne oder nahe: Alle Form ist, der Wahrheit gemäß, mit vollkommener Weisheit also angesehn: ›Das gehört mir nicht, das bin ich nicht, das ist nicht mein Selbst.‹ Was es auch für ein Gefühl, was es auch für eine Wahrnehmung, was es auch für eine Unterscheidung, was es auch für ein Bewusstsein sei, vergangenes, zukünftiges, gegenwärtiges, eigenes oder fremdes, grobes oder feines, gemeines oder edles, fernes oder nahes: Alles Gefühl, alle Wahrnehmung, alle Unterscheidung, alles Bewusstsein ist, der Wahrheit gemäß, mit vollkommener Weisheit also angesehn: ›Das gehört mir nicht, das bin ich nicht, das ist nicht mein Selbst.‹ So können, Mönch, einen Wissenden, so einen Sehenden, bei allen äußeren Eindrücken auf diesen mit Bewusstsein behafteten Körper da, der Ichheit und Meinheit Dünkelanwandlungen nicht ankommen.«

Da stieg nun einem der Mönche folgender Gedanke im Geiste auf: ›So wäre denn also die Form ohne Selbst, das Gefühl ohne Selbst, die Wahrnehmung ohne Selbst, die Unterscheidung ohne Selbst, das Bewusstsein ohne Selbst, und ohne Selbst getane Taten sollten zur Täterschaft gereichen?‹ Und der Erhabene, den Gedanken jenes Mönches im Geiste geistig gewahrend, wandte sich an die Mönche:

»Es mag wohl sein, ihr Mönche, dass da irgendein eitler Mensch aus Unwissen, in Unwissenheit geraten, vom Durst im Geiste überwältigt, die Weisung des Meisters überbieten zu müssen vermeine: ›So wäre denn also die Form ohne Selbst, das Gefühl ohne Selbst, die Wahrnehmung ohne Selbst, die Unterscheidung ohne Selbst, das Bewusstsein ohne Selbst, und ohne Selbst getane Taten sollten zur Täterschaft gereichen?‹, fragt er. Unterwiesen seid ihr, Mönche, von mir bei solchen und ähnlichen Fragen. Was meint ihr wohl, Mönche: Ist die Form unvergänglich oder vergänglich?«

»Vergänglich, o Herr!«

»Was aber vergänglich, ist das weh' oder wohl?«

»Weh', o Herr!«

»Was aber vergänglich, wehe, wandelbar ist, kann man etwa davon behaupten: ›Das gehört mir, das bin ich, das ist mein Selbst‹?«

»Gewiss nicht, o Herr!«

»Was meint ihr wohl, Mönche: Ist das Gefühl, die Wahrnehmung, die Unterscheidung, das Bewusstsein unvergänglich oder vergänglich?«

»Vergänglich, o Herr!«

»Was aber vergänglich, ist das weh' oder wohl?«

»Weh', o Herr!«

»Was aber vergänglich, wehe, wandelbar ist, kann man etwa davon behaupten: ›Das gehört mir, das bin ich, das ist mein Selbst‹?«

»Gewiss nicht, o Herr!«

»Darum also, ihr Mönche: Was es auch für eine Form sei, vergangene, zukünftige, gegenwärtige, eigene oder fremde, grobe oder feine, gemeine oder edle, ferne oder nahe: Alle Form ist, der Wahrheit gemäß, mit vollkommener Weisheit also anzusehn: ›Das gehört mir nicht, das bin ich nicht, das ist nicht mein Selbst.‹ Was es auch für ein Gefühl, was es auch für eine Wahrnehmung, was es auch für eine Unterscheidung, was es auch für ein Bewusstsein sei, vergangenes, zukünftiges, gegenwärtiges, eigenes oder fremdes, grobes oder feines, gemeines oder edles, fernes oder nahes: Alles Gefühl, alle Wahrnehmung, alle Unterscheidung, alles Bewusstsein ist, der Wahrheit gemäß, mit vollkommener Weisheit also anzusehn: ›Das gehört mir nicht, das bin ich nicht, das ist nicht mein Selbst.‹ In solchem Anblick, ihr Mönche, wird der erfahrene heilige Jünger der Form überdrüssig und wird des Gefühles überdrüssig und wird der Wahrnehmung überdrüssig und wird der Unterscheidung überdrüssig und wird des Bewusstseins überdrüssig, überdrüssig wendet er sich ab. Abgewandt löst er sich los. ›Im Erlösten ist die Erlösung‹, diese Erkenntnis geht auf. ›Versiegt ist die Geburt, vollendet das Asketentum, gewirkt das Werk, nicht mehr ist die Welt‹, versteht er da.«

Also sprach der Erhabene. Zufrieden freuten sich jene Mönche über das Wort des Erhabenen.

Während aber diese Darlegung stattgefunden, hatte sich bei etwa sechzig Mönchen das Herz ohne Hangen vom Wahne abgelöst.

DAS GLEICHNIS VON DER WACHTEL

Das hab' ich gehört. Zu einer Zeit weilte der Erhabene im Lande der Aṉguttarāper, bei einer Burg der Aṉguttarāper namens Āpanam. Und der Erhabene, zeitig gerüstet, nahm Mantel und Schale und ging nach Āpanam um Almosenspeise. Und als der Erhabene, von Haus zu Haus tretend, Almosen erhalten, kehrte er zurück, nahm das Mahl ein und begab sich dann in ein nahe gelegenes Waldgehölz, für den Tag. Im Inneren dieses Waldgehölzes setzte sich der Erhabene am Fuß eines Baumes nieder, bis gegen Sonnenuntergang da zu verweilen.

Und auch der ehrwürdige Udāyī ging, zeitig gerüstet, mit Mantel und Schale versehn, nach Āpanam um Almosenspeise. Und als er, von Haus zu Haus tretend, Almosen erhalten, kehrte er zurück, nahm das Mahl ein und begab sich dann in dieses Waldgehölz, für den Tag. Und er setzte sich im Inneren des Waldgehölzes am Fuß eines Baumes nieder, bis gegen Sonnenuntergang da zu verweilen.

Da kam nun dem ehrwürdigen Udāyī, während er einsam zurückgezogen sann, folgender Gedanke in den Sinn: ›Viel unselige Dinge, wahrlich, hat uns der Erhabene genommen, viel selige Dinge, wahrlich, hat uns der

Erhabene gegeben! Viel unheilsame Dinge, wahrlich, hat uns der Erhabene genommen, viel heilsame Dinge, wahrlich, hat uns der Erhabene gegeben!‹

Als nun der ehrwürdige Udāyī gegen Abend die Gedenkensruhe beendet hatte, begab er sich dorthin, wo der Erhabene weilte, begrüßte den Erhabenen ehrerbietig und setzte sich seitwärts nieder. Seitwärts sitzend sprach nun der ehrwürdige Udāyī also zum Erhabenen:

»Während ich da, o Herr, einsam zurückgezogen sann, kam mir folgender Gedanke in den Sinn: ›Viel unselige Dinge, wahrlich, hat uns der Erhabene genommen, viel selige Dinge, wahrlich, hat uns der Erhabene gegeben! Viel unheilsame Dinge, wahrlich, hat uns der Erhabene genommen, viel heilsame Dinge, wahrlich, hat uns der Erhabene gegeben!‹ Denn wir haben früher, o Herr, sowohl am Abend als am Morgen und zu Mittag, außer der Zeit gegessen. Es war einmal, o Herr, ein Anlass, wo der Erhabene die Mönche ermahnte: ›Wohlan, ihr Mönche, jenes Mittagessen, außer der Zeit, sollt ihr lassen.‹ Da wurden wir nur betrübt, o Herr, wurden traurig: ›Was uns gläubige Hausleute mittags, außer der Zeit, an Speise und Trank Gutes darreichen, das hat uns der Erhabene zu lassen geheißen, das hat uns der Willkommene verleugnen geheißen. Weil wir nun, o Herr, zum Erhabenen Liebe und Zutrauen hegten, schamhaft und demütig waren, so ließen wir davon ab, mittags, außer der Zeit, zu essen. Und so aßen wir denn, o Herr, abends und morgens. Es war aber einst ein Anlass, o Herr, wo der Erhabene die Mönche ermahnte: ›Wohlan, ihr Mönche, jenes Abendessen, außer der Zeit, sollt ihr lassen.‹ Da wurden wir wieder betrübt, o Herr, wurden traurig: ›Was für

Mahlzeit von den beiden uns als die bessere gilt, die hat uns der Erhabene zu lassen geheißen, die hat uns der Willkommene verleugnen geheißen.‹ Einst hatte, o Herr, ein Mann zu Mittag ein Gericht erhalten und er sprach also: ›Hebt es mir doch auf, abends wollen wir alle gemeinsam speisen.‹ Alles, o Herr, wird für den Abend bereitet, wenig für den Tag. Weil wir aber, o Herr, zum Erhabenen Liebe und Zutrauen hegten, schamhaft und demütig waren, so ließen wir davon ab, abends, außer der Zeit, zu essen. Einst gingen die Mönche, o Herr, im Dunkel der Dämmerung auf Almosen aus und gerieten in Pfützen, fielen in Tümpel, verstiegen sich in Dickicht, traten auf eine schlafende Kuh, kamen mit Menschen zusammen, mit feiernden oder beschäftigten, oder Weiber luden sie auf ungehörige Weise ein. Einst ging ich, o Herr, im Dunkel der Dämmerung auf Almosen aus. Da sah mich, o Herr, eine Frau, die im Rinnstein Geschirr wusch, und als sie mich gesehn, rief sie entsetzt aus: ›Ha, weh' mir, ein Gespenst!‹ Ich aber, o Herr, sprach also zur Frau: ›Kein Gespenst, o Schwester, ein Mönch steht um Almosen.‹ – ›So bringt wohl ein Mönch den Leib um, so bringt wohl ein Mönch ein Weib um! Besser wär' es dir, o Mönch, mit scharfem Schlachtmesser den Bauch aufschlitzen und nicht im Dunkel der Dämmerung um des Bauches willen auf Almosen ausgehn!‹ – Und weil ich, o Herr, mich dessen erinnerte, gedacht' ich bei mir: ›Viel unselige Dinge, wahrlich, hat uns der Erhabene genommen, viel selige Dinge, wahrlich, hat uns der Erhabene gegeben! Viel unheilsame Dinge, wahrlich, hat uns der Erhabene genommen, viel heilsame Dinge, wahrlich, hat uns der Erhabene gegeben!‹«

»Ebenso nun aber, Udāyī, haben da gar manche Toren, von mir ermahnt: ›Das mögt ihr lassen‹, dann also gesprochen: ›Was wird es auf solche Kleinigkeit, Winzigkeit ankommen? Allzu peinlich genau ist doch dieser Asket!‹ Und sie lassen nicht davon ab und setzen in Misstrauen zu mir die Mönche, die sich eifrig üben. Denen wird das, Udāyī, eine feste Fessel, eine tüchtige Fessel, eine zähe Fessel, keine faule Fessel, ein schwerer Block. Gleichwie etwa, Udāyī, eine Wachtel, mit einem Bande aus faulem Baste gebunden, eben dadurch in Verderben, in Not oder Tod gerät: Wer nun da, Udāyī, also spräche: ›Das Band aus faulem Baste, womit diese Wachtel gebunden ist und wodurch sie in Verderben, in Not oder Tod gerät, das ist ja für sie kein festes Band, ist ein schwaches Band, ein faules Band, ein haltloses Band‹, würde der also, Udāyī, recht reden?«

»Gewiss nicht, o Herr! Das Band aus faulem Baste, o Herr, womit diese Wachtel gebunden ist und wodurch sie in Verderben, in Not oder Tod gerät, das ist ja für sie ein festes Band, ein tüchtiges Band, ein zähes Band, kein faules Band, ein schwerer Block.«

»Ebenso nun auch, Udāyī, haben da gar manche Toren, von mir ermahnt: ›Das mögt ihr lassen‹, dann also gesprochen: ›Was wird es auf solche Kleinigkeit, Winzigkeit ankommen? Allzu peinlich genau ist doch dieser Asket!‹ Und sie lassen nicht davon ab und setzen in Misstrauen zu mir die Mönche, die sich eifrig üben. Denen wird das, Udāyī, eine feste Fessel, eine tüchtige Fessel, eine zähe Fessel, keine faule Fessel, ein schwerer Block.

Und wieder haben da, Udāyī, gar manche edle Söhne, von mir ermahnt: ›Das mögt ihr lassen‹, dann also gesprochen: ›Was wird es auf solche Kleinigkeit, Winzigkeit ankommen, die zu lassen ist, die uns der Erhabene zu lassen geheißen, die uns der Willkommene zu verleugnen geheißen hat!‹ Und sie lassen eben davon ab und setzen nicht in Misstrauen zu mir die Mönche, die sich eifrig üben. Und weil sie das gelassen, verweilen sie gestillt, ohne Widerstand, ohne Widerrede, mild geworden im Gemüte. Denen wird das, Udāyī, keine feste Fessel, eine schwache Fessel, eine faule Fessel, eine haltlose Fessel.

Gleichwie etwa, Udāyī, ein Königselefant, mit Doppelhauern, zum Angriff geeignet, zum Kampf erzogen, der mit starken Riemen und Seilen gefesselt ist, nur gering den Körper bewegend diese Fesseln zerreißt und zertritt und hingeht, wohin er will: Wer nun da, Udāyī, also spräche: ›Die starken Riemen und Seile, womit dieser Königselefant mit Doppelhauern, zum Angriff geeignet, zum Kampf erzogen, gefesselt ist und die er, nur gering den Körper bewegend, zerreißt und zertritt, um hinzugehn, wohin er will, das sind ja feste Fesseln für ihn, tüchtige Fesseln, keine faulen Fesseln, ein schwerer Block‹, würde der also, Udāyī, recht reden?«

»Gewiss nicht, o Herr! Die starken Riemen und Seile, o Herr, womit dieser Königselefant mit Doppelhauern, zum Angriff geeignet, zum Kampf erzogen, gefesselt ist, nur gering den Körper bewegend zerreißt und zertritt er diese und geht hin, wohin er will: Das sind ihm wahrlich keine festen Fesseln, sind schwache Fesseln, faule Fesseln, haltlose Fesseln.«

»Ebenso nun auch, Udāyī, haben da gar manche edle Söhne, von mir ermahnt: ›Das mögt ihr lassen‹, dann also gesprochen: ›Was wird es auf solche Kleinigkeit, Winzigkeit ankommen, die zu lassen ist, die uns der Erhabene zu lassen geheißen, die uns der Willkommene zu verleugnen geheißen hat!‹ Und sie lassen eben davon ab und setzen nicht in Misstrauen zu mir die Mönche, die sich eifrig üben. Und weil sie das gelassen, verweilen sie gestillt, ohne Widerstand, ohne Widerrede, mild geworden im Gemüte. Denen wird das, Udāyī, keine feste Fessel, eine schwache Fessel, eine faule Fessel, eine haltlose Fessel.

Gleichwie etwa, Udāyī, wenn da ein Mann wäre, arm, unfrei, unselbstständig; und er besäße ein einziges Häuschen, verfallen und zerfallen, den Krähen gar sehr zugänglich, durchaus nicht schön, eine einzige Lagerstatt, verfallen und zerfallen, durchaus nicht schön, einen einzigen Scheffel voll Getreidesamen, durchaus nicht schön, ein einziges Weib, durchaus nicht schön; und er sähe in einem Haine einen Mönch, mit rein gewaschenen Händen und Füßen, heiter blickend, nach eingenommenem Mahle in kühlem Schatten sitzen, hohem Gedenken hingegeben. Und es würd' ihm also zumute: ›Selig ist, wahrlich, Asketenschaft, leidlos ist, wahrlich, Asketenschaft! O wär' ich doch ein solcher, dass ich mit geschorenem Haar und Barte, mit fahlem Gewande bekleidet, aus dem Hause in die Hauslosigkeit hinauszöge!‹ Und er vermöchte nicht, das eine Häuschen, verfallen und zerfallen, den Krähen gar sehr zugänglich, durchaus nicht schön, zu lassen, die eine Lagerstatt, verfallen und zerfallen, durchaus nicht schön, zu lassen, den einen Scheffel voll Getreidesamen, durchaus nicht schön, zu lassen, das eine Weib, durchaus nicht schön, zu lassen und, mit geschorenem Haar und Barte, mit fahlem Gewande bekleidet, aus dem Hause in die Hauslosigkeit hinauszuziehn. Wer nun da, Udāyī, also spräche: ›Die Bande, womit dieser Mann gebunden nicht vermag, das eine Häuschen, verfallen und zerfallen, den Krähen gar sehr zugänglich, durchaus nicht schön, zu lassen, die eine Lagerstatt, verfallen und zerfallen, durchaus nicht schön, zu lassen, den einen Scheffel voll Getreidesamen, durchaus nicht schön, zu lassen, das eine Weib, durchaus nicht schön, zu lassen und, mit geschorenem Haar und Barte, mit fahlem Gewande bekleidet, aus dem Hause in die Hauslosigkeit hinauszuziehn, das sind ja für ihn keine festen Bande, sind schwache Bande, faule Bande, haltlose Bande‹, würde der also, Udāyī, recht reden?«

»Gewiss nicht, o Herr! Die Bande, o Herr, womit dieser Mann gebunden nicht vermag, das eine Häuschen, verfallen und zerfallen, den Krähen gar sehr zugänglich, durchaus nicht schön, zu lassen, die eine Lagerstatt, verfallen und zerfallen, durchaus nicht schön, zu lassen, den einen Scheffel voll Getreidesamen, durchaus nicht schön, zu lassen, das eine Weib, durchaus nicht schön, zu lassen und, mit geschorenem Haar und Barte, mit fahlem Gewande bekleidet, aus dem Hause in die Hauslosigkeit hinauszuziehn, das sind ja für ihn feste Bande, tüchtige Bande, zähe Bande, keine faulen Bande, ein schwerer Block.«

»Ebenso nun auch, Udāyī, haben da gar manche Toren, von mir ermahnt: ›Das mögt ihr lassen‹, dann also gesprochen: ›Was wird es auf solche Kleinigkeit, Winzigkeit ankommen? Allzu peinlich genau ist doch dieser Asket!‹ Und sie lassen nicht davon ab und setzen in Misstrauen zu mir die Mönche, die sich eifrig üben. Denen wird das, Udāyī, eine feste Fessel, eine tüchtige Fessel, eine zähe Fessel, keine faule Fessel, ein schwerer Block.

Gleich wie etwa, Udāyī, wenn da ein Hausvater wäre oder der Sohn eines Hausvaters, reich, mit Geld und Gut mächtig begabt, im Besitze vieler Haufen Goldes, im Besitze vieler Massen Getreides, im Besitze vieler Felder und Wiesen, im Besitze vieler Häuser und Höfe, im Besitze vieler Scharen von Frauen, im Besitze vieler Scharen von Dienern, im Besitze vieler Scharen von Dienerinnen; und er sähe in einem Haine einen Mönch, mit rein gewaschenen Händen und Füßen, heiter blickend, nach eingenommenem Mahle in kühlem Schatten sitzen, hohem Gedenken hingegeben. Und es würd' ihm also zumute: ›Selig ist, wahrlich, Asketenschaft, leidlos ist, wahrlich, Asketenschaft! O wär' ich doch ein solcher, dass ich, mit geschorenem Haar und Barte, mit fahlem Gewande bekleidet, aus dem Hause in die Hauslosigkeit hinauszöge!‹ Und er vermöchte, die vielen Haufen Goldes zu lassen, die vielen Massen Getreides zu lassen, die vielen Felder und Wiesen zu lassen, die vielen Häuser und Höfe zu lassen, die vielen Scharen von Frauen zu lassen, die vielen Scharen von Dienern zu lassen, die vielen Scharen von Dienerinnen zu lassen und, mit geschorenem Haar und Barte, mit fahlem Gewande bekleidet, aus dem Hause in die Hauslosigkeit hinauszuziehn. Wer nun da, Udāyī, also spräche: ›Die Bande, womit dieser Mann gebunden vermag, viele Haufen Goldes zu lassen, viele Massen Getreides zu lassen, viele Felder und Wiesen zu lassen, viele Häuser und Höfe zu lassen, viele

Scharen von Frauen zu lassen, viele Scharen von Dienern zu lassen, viele Scharen von Dienerinnen zu lassen und, mit geschorenem Haar und Barte, mit fahlem Gewande bekleidet, aus dem Hause in die Hauslosigkeit hinauszuziehn, das sind ja für ihn feste Bande, tüchtige Bande, zähe Bande, keine faulen Bande, ein schwerer Block‹, würde der also, Udāyī, recht reden?«

»Gewiss nicht, o Herr! Die Bande, o Herr, womit dieser Mann gebunden vermag, viele Haufen Goldes zu lassen, viele Massen Getreides zu lassen, viele Felder und Wiesen zu lassen, viele Häuser und Höfe zu lassen, viele Scharen von Frauen zu lassen, viele Scharen von Dienern zu lassen, viele Scharen von Dienerinnen zu lassen und, mit geschorenem Haar und Barte, mit fahlem Gewände bekleidet, aus dem Hause in die Hauslosigkeit hinauszuziehn, das sind ja für ihn keine festen Bande, sind schwache Bande, faule Bande, haltlose Bande.«

»Ebenso nun auch, Udāyī, haben da gar manche edle Söhne, von mir ermahnt: ›Das mögt ihr lassen‹, dann also gesprochen: ›Was wird es auf solche Kleinigkeit, Winzigkeit ankommen, die zu lassen ist, die uns der Erhabene zu lassen geheißen, die uns der Willkommene zu verleugnen geheißen hat!‹ Und sie lassen eben davon ab und setzen nicht in Misstrauen zu mir die Mönche, die sich eifrig üben. Und weil sie das gelassen, verweilen sie gestillt, ohne Widerstand, ohne Widerrede, mild geworden im Gemüte. Denen wird das, Udāyī, keine feste Fessel, eine schwache Fessel, eine faule Fessel, eine haltlose Fessel.

Vier Arten von Menschen, Udāyī, finden sich hier in der Welt vor: Welche vier? Da ist, Udāyī, ein Mensch auf dem Wege, das Anhaften zu lassen, das Anhaften zu verleugnen; und während er auf dem Wege ist, das Anhaften zu lassen, das Anhaften zu verleugnen, kommen ihn mit Anhaften verbundene Erinnerungen an: Und er gönnt ihnen Raum, verleugnet sie nicht, vertreibt sie nicht, vertilgt sie nicht, erstickt sie nicht im Keime. Einen solchen Menschen, Udāyī, nenn' ich gefesselt, nicht entfesselt: Und warum das? Weil ich die Sinnesart, Udāyī, bei diesem Menschen gemerkt habe. Da ist ferner, Udāyī, ein Mensch auf dem Wege, das Anhaften zu lassen, das Anhaften zu verleugnen; und während er auf dem Wege ist, das Anhaften zu lassen, das Anhaften zu verleugnen, kommen ihn mit Anhaften verbundene Erinnerungen an: Und er gönnt ihnen keinen Raum, verleugnet sie, vertreibt sie, vertilgt sie, erstickt sie im Keime. Auch einen solchen Menschen, Udāyī, nenn' ich gefesselt, nicht entfesselt: Und warum das? Weil ich die Sinnesart, Udāyī, bei diesem Menschen gemerkt habe. Da ist ferner, Udāyī, ein Mensch auf dem Wege, das Anhaften zu lassen, das Anhaften zu verleugnen; und während er auf dem Wege ist, das Anhaften zu lassen, das Anhaften zu verleugnen, kommen ihn gelegentlich hie und da wirre Gedanken, mit Anhaften verbundene Erinnerungen an. Langsam, Udāyī, treten die Gedanken auf, aber gar eilig verleugnet er sie, vertreibt sie, vertilgt sie, erstickt sie im Keime. Gleichwie etwa, Udāyī, wenn ein Mann auf eine tagsüber am Feuer glühende eiserne Pfanne zwei oder drei Wassertropfen herabträufeln ließe – langsam, Udāyī, wäre der Fall der Tropfen, aber gar eilig würden sie aufgelöst und verschwunden sein –: Ebenso nun auch, Udāyī, ist da ein Mensch auf dem Wege, das

Anhaften zu lassen, das Anhaften zu verleugnen; und während er auf dem Wege ist, das Anhaften zu lassen, das Anhaften zu verleugnen, kommen ihn gelegentlich hie und da wirre Gedanken, mit Anhaften verbundene Erinnerungen an. Langsam, Udāyī, treten die Gedanken auf, aber gar eilig verleugnet er sie, vertreibt sie, vertilgt sie, erstickt sie im Keime. Auch einen solchen Menschen, Udāyī, nenn' ich gefesselt, nicht entfesselt: Und warum das? Weil ich die Sinnesart, Udāyī, bei diesem Menschen gemerkt habe. Und ferner, Udāyī, hat da ein Mensch gemerkt: ›Anhaften ist des Leidens Wurzel‹, und er haftet nirgend an und ist im Versiegen des Anhaftens erlöst. Einen solchen Menschen, Udāyī, nenn' ich entfesselt: Und warum das? Weil ich die Sinnesart, Udāyī, bei diesem Menschen gemerkt habe.

Fünf Begehrungen, Udāyī, gibt es: Welche fünf? Die durch das Gesicht ins Bewusstsein tretenden Formen, die ersehnten, geliebten, entzückenden, angenehmen, dem Begehren entsprechenden, reizenden; die durch das Gehör ins Bewusstsein tretenden Töne, die ersehnten, geliebten, entzückenden, angenehmen, dem Begehren entsprechenden, reizenden; die durch den Geruch ins Bewusstsein tretenden Düfte, die ersehnten, geliebten, entzückenden, angenehmen, dem Begehren entsprechenden, reizenden; die durch den Geschmack ins Bewusstsein tretenden Säfte, die ersehnten, geliebten, entzückenden, angenehmen, dem Begehren entsprechenden, reizenden; die durch das Getast ins Bewusstsein tretenden Tastungen, die ersehnten, geliebten, entzückenden, angenehmen, dem Begehren entsprechenden, reizenden. Das sind, Udāyī, die fünf Begehrungen. Was da, Udāyī, Wohl und Erwünschtes diesen fünf Begehrungen gemäß geht, das nennt man Begierdenwohl, kotiges Wohl, gemeines Menschenwohl, unheiliges Wohl. Nicht zu pflegen, nicht zu hegen, nicht zu mehren ist es: Zu hüten hat man sich vor solchem Wohle, sag' ich.

Da weilt, Udāyī, ein Mönch, gar fern von Begierden, fern von unheilsamen Dingen, in sinnend gedenkender ruhegeborener seliger Heiterkeit, in der Weihe der ersten Schauung. Nach Vollendung des Sinnens und Gedenkens erwirkt er die innere Meeresstille, die Einheit des Gemütes, die vom Sinnen, vom Gedenken freie, in der Einigung geborene selige Heiterkeit, die Weihe der zweiten Schauung. In heiterer Ruhe verweilt er gleichmütig, einsichtig, klar bewusst, ein Glück empfindet er im Körper, von dem die Heiligen sagen: ›Der gleichmütig Einsichtige lebt beglückt‹; so erwirkt er die Weihe der dritten Schauung. Nach Verwerfung der Freuden und Leiden, nach Vernichtung des einstigen Frohsinns und Trübsinns erwirkt er die Weihe der leidlosen, freudlosen, gleichmütig einsichtigen vollkommenen Reine, die vierte Schauung. Das nennt man Wohl der Entsagung, Wohl der Einsamkeit, Wohl der Beruhigung, Wohl der Erwachung. Zu pflegen und zu hegen und zu mehren ist es: Nicht zu hüten hat man sich vor solchem Wohle, sag' ich.

Da weilt, Udāyī, ein Mönch, gar fern von Begierden, fern von unheilsamen Dingen, in sinnend gedenkender ruhegeborener seliger Heiterkeit, in der Weihe der ersten Schauung. Das aber nenn' ich, Udāyī, der Regung unterworfen: Und was ist da der Regung unterworfen? Was eben dabei als Sinnen und Gedenken nicht ausgerodet ist, das gilt hier als Regung. Da gewinnt, Udāyī, ein Mönch nach Vollendung des Sinnens und Gedenkens die innere Meeresstille, die Einheit des Gemütes, die vom Sinnen, vom Gedenken freie, in der Einigung geborene selige Heiterkeit, die Weihe der zweiten Schauung. Auch das nenn' ich, Udāyī, der Regung unterworfen: Und was ist da der Regung unterworfen? Was eben dabei als selige Heiterkeit nicht ausgerodet ist, das gilt hier als Regung. Da verweilt, Udāyī, ein Mönch in heiterer Ruhe, gleichmütig, einsichtig, klar bewusst, ein Glück empfindet er im Körper, von dem die Heiligen sagen: ›Der gleichmütig Einsichtige lebt beglückt‹; so erwirkt er die Weihe der dritten Schauung. Auch das nenn' ich, Udāyī, der Regung unterworfen: Und was ist da der Regung unterworfen? Was eben dabei als seliger Gleichmut nicht ausgerodet ist, das gilt hier als Regung. Da erwirkt, Udāyī, ein Mönch nach Verwerfung der Freuden und Leiden, nach Vernichtung des einstigen Frohsinns und Trübsinns die Weihe der leidlosen, freudlosen, gleichmütig einsichtigen vollkommenen Reine, die vierte Schauung. Und das nenn' ich, Udāyī, keiner Regung unterworfen.

Da weilt, Udāyī, ein Mönch, gar fern von Begierden, fern von unheilsamen Dingen, in sinnend gedenkender ruhegeborener seliger Heiterkeit, in der Weihe der ersten Schauung. Das aber nenn' ich, Udāyī, unzulänglich und sage: ›Verwerft es‹, sage: ›Überwindet es‹: Und was ist hier die Überwindung? Da gewinnt, Udāyīī, ein Mönch nach Vollendung des Sinnens und Gedenkens die innere Meeresstille, die Einheit des Gemütes, die vom Sinnen, vom Gedenken freie, in der Einigung geborene selige Heiterkeit, die Weihe der zweiten Schauung. Das ist hier die Überwindung. Auch das nenn' ich, Udāyī, unzulänglich und sage: ›Verwerft es‹, sage: ›Überwindet es‹: Und was ist hier die Überwindung? Da verweilt, Udāyī, ein Mönch in heiterer Ruhe, gleichmütig, einsichtig, klar bewusst, ein Glück empfindet er im Körper, von dem die Heiligen sagen: ›Der gleichmütig Einsichtige lebt beglückt‹; so erwirkt er die Weihe der dritten Schauung. Das ist hier die Überwindung. Auch das nenn' ich, Udāyī, unzulänglich und sage: ›Verwerft es‹, sage: ›Überwindet es‹: Und was ist hier die Überwindung? Da erwirkt, Udāyī, ein Mönch nach Verwerfung der Freuden und Leiden, nach Vernichtung des einstigen Frohsinns und Trübsinns die Weihe der leidlosen, freudlosen, gleichmütig einsichtigen vollkommenen Reine, die vierte Schauung. Das ist hier die Überwindung. Auch das nenn' ich, Udāyī, unzulänglich und sage: ›Verwerft es‹, sage: ›Überwindet es‹: Und was ist hier die Überwindung? Da gewinnt, Udāyī, ein Mönch nach völliger Überwindung der Formwahrnehmungen, Vernichtung der Gegenwahrnehmungen, Verwerfung der Vielheitwahrnehmungen in dem Gedanken ›Grenzenlos ist der Raum‹ das Reich des unbegrenzten Raumes. Das ist hier die Überwindung. Auch das nenn' ich, Udāyī, unzulänglich und sage: ›Verwerft es‹, sage: ›Überwindet es‹: Und was ist hier die Überwindung? Da gewinnt, Udāyī, ein Mönch nach völliger Überwindung der unbegrenzten Raumsphäre in dem Gedanken ›Grenzenlos ist das Bewusstsein‹ das Reich des unbegrenzten Bewusstseins. Das ist hier die Überwindung. Auch das nenn' ich, Udāyī, unzulänglich und sage: ›Verwerft es‹, sage: ›Überwindet es‹: Und was ist hier die Überwindung? Da gewinnt, Udāyī, ein Mönch nach völliger Überwindung der unbegrenzten Bewusstseinsphäre in dem Gedanken ›Nichts ist da‹ das Reich des Nichtdaseins. Das ist hier die Überwindung. Auch das nenn' ich, Udāyī, unzulänglich und sage: ›Verwerft es‹, sage: ›Überwindet es‹: Und was ist hier die Überwindung? Da erreicht, Udāyī, ein Mönch nach völliger Überwindung der Nichtdaseinssphäre die Grenzscheide möglicher Wahrnehmung. Das ist hier die Überwindung. Auch das nenn' ich, Udāyī, unzulänglich und sage: ›Verwerft es‹, sage: ›Überwindet es‹: Und was ist hier die Überwindung? Da erreicht, Udāyī, ein Mönch nach völliger Uberwindung der Grenzscheide möglicher Wahrnehmung die Auflösung der Wahrnehmbarkeit. Das ist hier die Überwindung. Und so sag' ich denn, Udāyī, dass auch die Grenzscheide möglicher Wahrnehmung zu überschreiten sei. Siehst du etwa, Udāyī, eine Fessel, fein oder gemein, die zu lassen ich nicht geheißen habe?«

»Gewiss nicht, o Herr!«

Also sprach der Erhabene. Zufrieden freute sich der ehrwürdige Udāyī über das Wort des Erhabenen.

ARMUT

Das hab' ich gehört. Zu einer Zeit weilte der Erhabene bei Sāvatthī, im Osthaine, auf Mutter Migāros Terrasse.

Da nun begab sich der ehrwürdige Ānando eines Abends, nach Aufhebung der Gedenkensruhe, dorthin, wo der Erhabene weilte, begrüßte den Erhabenen ehrerbietig und setzte sich seitwärts nieder. Seitwärts sitzend sprach nun der ehrwürdige Ānando also zum Erhabenen:

»Es war einmal, o Herr, da weilte der Erhabene im Lande der Sakyer, bei Nagarakam, einer Burg im Sakyergebiete. Damals hab' ich, o Herr, vom Erhabenen selbst es gehört, selbst es vernommen: ›Armut erfahren hab' ich, Ānando, in dieser Zeit am meisten gemocht.‹ Hab' ich es wohl, o Herr, recht gehört, recht vernommen, recht gemerkt, recht behalten?«

»Gewiss hast du es, Ānando, recht gehört, recht vernommen, recht gemerkt, recht behalten. So damals, Ānando, wie heute hab' ich Armut erfahren am meisten gemocht. – Gleichwie etwa, Ānando, diese Terrasse Mutter Migāros ohne Elefanten, Rinder und Rosse ist, ohne Gold und Silber, ohne Gesellschaft von Weibern und Männern und nur einen Reichtum aufweist an einer

Schar Mönche als einzigen Gegenstand: Ebenso nun auch, Ānando, hat ein Mönch den Gedanken ›Dorf‹ entlassen, den Gedanken ›Mensch‹ entlassen; den Gedanken ›Wald‹ nimmt er auf als einzigen Gegenstand. Im Gedanken ›Wald‹ erhebt sich ihm das Herz, erheitert sich, beschwichtigt sich, beruhigt sich. Also erkennt er: ›Spaltungen, die aus dem Gedanken ‚Dorf' entstånden, die gibt es da nicht, Spaltungen, die aus dem Gedanken ‚Mensch' entständen, die gibt es da nicht; und nur eine Spaltung ist geblieben, nämlich der Gedanke ‚Wald' als einziger Gegenstand.‹ Er weiß: ›Ärmer geworden ist diese Denkart um den Gedanken ‚Dorf'‹, weiß: ›Ärmer geworden ist diese Denkart um den Gedanken ‚Mensch'; und nur einen Reichtum weist sie auf am Gedanken ‚Wald' als einzigen Gegenstand.‹ Um was denn also weniger da ist, darum ärmer geworden sieht er es an; und was da noch übrig geblieben ist, davon weiß er: ›Bleibt dieses, bleibt jenes.‹ Also aber, Ānando, kommt diese wahrhafte, unverbrüchliche, durchaus reine Armut über ihn herab.

Weiter sodann, Ānando, hat der Mönch den Gedanken ›Mensch‹ entlassen, den Gedanken ›Wald‹ entlassen; den Gedanken ›Erde‹ nimmt er auf als einzigen Gegenstand. Im Gedanken ›Erde‹ erhebt sich ihm das Herz, erheitert sich, beschwichtigt sich, beruhigt sich. Gleichwie etwa, Ānando, eine Stierhaut mit dem Falzeisen wohl abgeschabt, von den Falten geglättet wird: Ebenso nun auch, Ānando, hat der Mönch, was es auf dieser Erde an Erhebungen und Vertiefungen, an Flussläufen, an wüstem und waldigem Gebiet, an Bergen und Tälern gibt, das alles aus seinem Geiste entlassen; den Gedanken

›Erde‹ nimmt er auf als einzigen Gegenstand. Im Gedanken ›Erde‹ erhebt sich ihm das Herz, erheitert sich, beschwichtigt sich, beruhigt sich. Also erkennt er: ›Spaltungen, die aus dem Gedanken ‚Mensch' entständen, die gibt es da nicht, Spaltungen, die aus dem Gedanken ‚Wald' entständen, die gibt es da nicht; und nur eine Spaltung ist geblieben, nämlich der Gedanke ‚Erde' als einziger Gegenstand.‹ Er weiß: ›Ärmer geworden ist diese Denkart um den Gedanken ‚Mensch'‹, weiß: ›Ärmer geworden ist diese Denkart um den Gedanken ‚Wald'; und nur einen Reichtum weist sie auf am Gedanken ‚Erde' als einzigen Gegenstand.‹ Um was denn also weniger da ist, darum ärmer geworden sieht er es an; und was da noch übrig geblieben ist, davon weiß er: ›Bleibt dieses, bleibt jenes.‹ Also aber, Ānando, kommt diese wahrhafte, unverbrüchliche, durchaus reine Armut über ihn herab.

Weiter sodann, Ānando, hat der Mönch den Gedanken ›Wald‹ entlassen, den Gedanken ›Erde‹ entlassen; den Gedanken ›Unbegrenzte Raumsphäre‹ nimmt er auf als einzigen Gegenstand. Im Gedanken ›Unbegrenzte Raumsphäre‹ erhebt sich ihm das Herz, erheitert sich, beschwichtigt sich, beruhigt sich. Also erkennt er: ›Spaltungen, die aus dem Gedanken ‚Wald' entständen, die gibt es da nicht, Spaltungen, die aus dem Gedanken ‚Erde' entständen, die gibt es da nicht; und nur eine Spaltung ist übrig geblieben, nämlich der Gedanke ‚Unbegrenzte Raumsphäre' als einziger Gegenstand.‹ Er weiß: ›Ärmer geworden ist diese Denkart um den Gedanken ‚Wald'‹, weiß: ›Ärmer geworden ist diese Denkart um den Gedanken ‚Erde'; und nur einen Reichtum weist sie auf am Gedanken ‚Unbegrenzte Raumsphäre' als einzigen Gegenstand.‹ Um was denn also weniger da ist, darum ärmer geworden sieht er es an; und was da noch übrig geblieben ist, davon weiß er: ›Bleibt dieses, bleibt jenes.‹ Also aber, Ānando, kommt diese wahrhafte, unverbrüchliche, durchaus reine Armut über ihn herab.

Weiter sodann, Ānando, hat der Mönch den Gedanken ›Erde‹ entlassen, den Gedanken ›Unbegrenzte Raumsphäre‹ entlassen; den Gedanken ›Unbegrenzte Bewusstseinssphäre‹ nimmt er auf als einzigen Gegenstand. Im Gedanken ›Unbegrenzte Bewusstseinssphäre‹ erhebt sich ihm das Herz, erheitert sich, beschwichtigt sich, beruhigt sich. Also erkennt er: ›Spaltungen, die aus dem Gedanken ‚Erde' entständen, die gibt es da nicht, Spaltungen, die aus dem Gedanken ‚Unbegrenzte Raumsphäre' entständen, die gibt es da nicht; und nur eine Spaltung ist übrig geblieben, nämlich der Gedanke ‚Unbegrenzte Bewusstseinsphäre' als einziger Gegenstand.‹ Er weiß: ›Ärmer geworden ist diese Denkart um den Gedanken ‚Erde'‹, weiß: ›Ärmer geworden ist diese Denkart um den Gedanken ‚Unbegrenzte Raumsphäre'; und nur einen Reichtum weist sie auf am Gedanken ‚Unbegrenzte Bewusstseinssphäre' als einzigen Gegenstand.‹ Um was denn also weniger da ist, darum ärmer geworden sieht er es an; und was da noch übrig geblieben ist, davon weiß er: ›Bleibt dieses, bleibt jenes.‹ Also aber, Ānando, kommt diese wahrhafte, unverbrüchliche, durchaus reine Armut über ihn herab.

Weiter sodann, Ānando, hat der Mönch den Gedanken ›Unbegrenzte Raumsphäre‹ entlassen, den Gedanken ›Unbegrenzte Bewusstseinssphäre‹ entlassen; den

Gedanken ›Nichtdaseinssphäre‹ nimmt er auf als einzigen Gegenstand. Im Gedanken ›Nichtdaseinssphäre‹ erhebt sich ihm das Herz, erheitert sich, beschwichtigt sich, beruhigt sich. Also erkennt er: ›Spaltungen, die aus dem Gedanken ‚Unbegrenzte Raumsphäre' entständen, die gibt es da nicht, Spaltungen, die aus dem Gedanken ‚Unbegrenzte Bewusstseinssphäre' entständen, die gibt es da nicht; und nur eine Spaltung ist übrig geblieben, nämlich der Gedanke ‚Nichtdaseinssphäre' als einziger Gegenstand.‹ Er weiß: ›Ärmer geworden ist diese Denkart um den Gedanken ‚Unbegrenzte Raumsphäre'‹, weiß: ›Ärmer geworden ist diese Denkart um den Gedanken ‚Unbegrenzte Bewusstseinssphäre'; und nur einen Reichtum weist sie auf am Gedanken ‚Nichtdaseinssphäre' als einzigen Gegenstand.‹ Um was denn also weniger da ist, darum ärmer geworden sieht er es an; und was da noch übrig geblieben ist, davon weiß er: ›Bleibt dieses, bleibt jenes.‹ Also aber, Ānando, kommt diese wahrhafte, unverbrüchliche, durchaus reine Armut über ihn herab.

Weiter sodann, Ānando, hat der Mönch den Gedanken ›Unbegrenzte Bewusstseinssphäre‹ entlassen, den Gedanken ›Nichtdaseinssphäre‹ entlassen; den Gedanken ›Grenzscheide möglicher Wahrnehmung‹ nimmt er auf als einzigen Gegenstand. Im Gedanken ›Grenzscheide möglicher Wahrnehmung‹ erhebt sich ihm das Herz, erheitert sich, beschwichtigt sich, beruhigt sich. Also erkennt er: ›Spaltungen, die aus dem Gedanken ‚Unbegrenzte Bewusstseinssphäre' entständen, die gibt es da nicht, Spaltungen, die aus dem Gedanken ‚Nichtdaseinssphäre' entständen, die gibt es da nicht; und nur eine Spaltung ist übrig geblieben, nämlich der Gedanke ‚Grenzscheide möglicher Wahrnehmung' als einziger Gegenstand.‹ Er weiß: ›Ärmer geworden ist diese Denkart um den Gedanken ‚Unbegrenzte Bewusstseinssphäre'‹, weiß: ›Ärmer geworden ist diese Denkart um den Gedanken ‚Nichtdaseinssphäre'; und nur einen Reichtum weist sie auf am Gedanken ‚Grenzscheide möglicher Wahrnehmung' als einzigen Gegenstand.‹ Um was denn also weniger da ist, darum ärmer geworden sieht er es an; und was da noch übrig geblieben ist, davon weiß er: ›Bleibt dieses, bleibt jenes.‹ Also aber, Ānando, kommt diese wahrhafte, unverbrüchliche, durchaus reine Armut über ihn herab.

Weiter sodann, Ānando, hat der Mönch den Gedanken ›Nichtdaseinssphäre‹ entlassen, den Gedanken ›Grenzscheide möglicher Wahrnehmung‹ entlassen; geistige Einheit ohne Vorstellung nimmt er auf als einzigen Gegenstand. In geistiger Einheit ohne Vorstellung erhebt sich ihm das Herz, erheitert sich, beschwichtigt sich, beruhigt sich. Also erkennt er: ›Spaltungen, die aus dem Gedanken ‚Nichtdaseinssphäre' entständen, die gibt es da nicht, Spaltungen, die aus dem Gedanken ‚Grenzscheide möglicher Wahrnehmung' entständen, die gibt es da nicht; und nur eine Spaltung ist übrig geblieben, nämlich dieser Körper da, behaftet mit den sechs Sinnen, als Bedingung des Lebens.‹ Er weiß: ›Ärmer geworden ist diese Denkart um den Gedanken ‚Nichtdaseinssphäre'‹, weiß: ›Ärmer geworden ist diese Denkart um den Gedanken ‚Grenzscheide möglicher Wahrnehmung'; und nur einen Reichtum weist sie auf an diesem Körper da, behaftet mit den sechs Sinnen, als

Bedingung des Lebens.‹ Um was denn also weniger da ist, darum ärmer geworden sieht er es an; und was da noch übrig geblieben ist, davon weiß er: ›Bleibt dieses, bleibt jenes.‹ Also aber, Ānando, kommt diese wahrhafte, unverbrüchliche, durchaus reine Armut über ihn herab.

Weiter sodann, Ānando, hat der Mönch den Gedanken ›Nichtdaseinssphäre‹ entlassen, den Gedanken ›Grenzscheide möglicher Wahrnehmung‹ entlassen; geistige Einheit ohne Vorstellung nimmt er auf als einzigen Gegenstand. In geistiger Einheit ohne Vorstellung erhebt sich ihm das Herz, erheitert sich, beschwichtigt sich, beruhigt sich. Also erkennt er: ›Auch diese geistige Einheit ohne Vorstellung ist zusammengesetzt, zusammengesonnen: Was aber irgend zusammengesetzt, zusammengesonnen ist, das ist wandelbar, muss untergehn‹: Das erkennt er. In solcher Kunde, solchem Anblicke löst sich ihm das Herz vom Wunscheswahn ab und löst sich ihm das Herz vom Daseinswahn ab und löst sich ihm das Herz vom Nichtwissenswahn ab. ›Im Erlösten ist die Erlösung‹, diese Erkenntnis geht auf. ›Versiegt ist die Geburt, vollendet das Asketentum, gewirkt das Werk, nicht mehr ist diese Welt‹, versteht er da. Also erkennt er: ›Spaltungen, die aus Wunscheswahn entständen, die gibt es da nicht, Spaltungen, die aus Daseinswahn entständen, die gibt es da nicht, Spaltungen, die aus Nichtwissenswahn entständen, die gibt es da nicht; und nur eine Spaltung ist übrig geblieben, nämlich dieser Körper da, behaftet mit den sechs Sinnen, als Bedingung des Lebens.‹ Er weiß: ›Ärmer geworden ist diese Denkart um Wunscheswahn‹, weiß: ›Ärmer geworden ist diese Denkart um Daseinswahn‹, weiß: ›Ärmer geworden ist diese Denkart um Nichtwissenswahn; und nur einen Reichtum weist sie auf an diesem Körper da, behaftet mit den sechs Sinnen, als Bedingung des Lebens.‹ Um was denn also weniger da ist, darum ärmer geworden sieht er es an; und was da noch übrig geblieben ist, davon weiß er: ›Bleibt dieses, bleibt jenes.‹ Also, Ānando, kommt diese wahrhafte, unverbrüchliche, durchaus reine, allerhöchste Armut über ihn herab.

Wer aber auch immer, Ānando, in vergangener Zeit als ein Asket oder Priester durchaus reine, allerhöchste Armut errungen hatte, ein jeder solcher hatte eben diese durchaus reine, allerhöchste Armut errungen. Wer aber auch immer, Ānando, in künftiger Zeit als ein Asket oder Priester durchaus reine, allerhöchste Armut erringen wird, ein jeder solcher wird eben diese durchaus reine, allerhöchste Armut erringen. Wer aber auch immer, Ānando, in dieser Zeit als ein Asket oder Priester durchaus reine, allerhöchste Armut errungen hat, ein jeder solcher hat eben diese durchaus reine, allerhöchste Armut errungen.

Darum aber, Ānando: ›Durchaus reine, allerhöchste Armut wollen wir erringen‹: So habt ihr, Ānando, euch wohl zu üben.«

Also sprach der Erhabene. Zufrieden freute sich der ehrwürdige Ānando über das Wort des Erhabenen.

VON LIEBE UND LEBEN

DER DENKER

Beisammenwohnen fördert Furcht,
Gesiedeltsein Unsauberkeit;
Wo keiner siedelt, keiner wohnt,
Wohl darf's der Denker ausersehn.

Gebornes wer getilgt hat ungedeihbar,
Gebiert es neu sich, kein Erkeimen duldet,
Ihn heißt allein man, Denker ihn und Wandrer:
Er hat den Friedenspfad erschaut, der Seher.

Die Felder zählt er und ermisst die Saaten:
Befruchtend nimmer lässt er keines keimen,
Als Denker all sein Leben sieht er enden;
Ermessen mag er nicht und nimmer zählen.

Verstanden hat er innig alle Stätten,
Nicht eine will er irgend noch entdecken:
Als Denker unbegehrsam, ist er gierlos,
Nie schwimmt er wieder, angelangt am Ufer.

Allüberwinder, Allerkenner, kundig,
Von allen Dingen ewig abgeschieden,
Verlassend alles, lebenswahngeläutert:
Ihn künden wohl die Weisen an als Denker.

Den Tiefbedachten, tugendecht Bewährten,
Der einig worden Schauung übt besonnen,
Entfesselt, unbeklommen, ohne Wahn besteht:
Ihn künden wohl die Weisen an als Denker.

Verschwiegen wandernd, einsam, unermüdlich,
Getadelt ob gepriesen unerschüttert,
Dem Löwen gleich, den kein Gelärm verschüchtert,

Dem Winde gleich, der nicht am Netze haftet,
Wie Lotus, den kein Tropfen kann beträufeln,
Der andern Lenker, unlenkbar von andern:
Ihn künden wohl die Weisen an als Denker.

Wer im Gewoge wie ein Pfeiler wuchs empor,
Vor wem die Menge murmelt leisen Flüsterton,
Wer gierentgangen sich erzeugte Sinngewalt:
Ihn künden wohl die Weisen an als Denker.

Wer Schwachen sich wie Starken gleich bestätigt,
Unheilsam Handeln fern hat abgewiesen,
Der Forscher, der ungrad und grad ergründet:
Ihn künden wohl die Weisen an als Denker.

Wer sich gebändigt, Böses hat verwunden,
Als Jüngling, als ein Mann in sich verschwiegen,
Selbst unverstörbar keinen mag verstören:
Ihn künden wohl die Weisen an als Denker.

Erlesne Kost, gemeine, überbliebne,
Nur Brocken braucht er, wer von Atzung andrer lebt,
Er hält es kein' Beloben, kein' Betadeln wert:
Ihn künden wohl die Weisen an als Denker.

Alleinig wandernd, wer da keine Paarung will,
Noch jung an Jahren sich vernestelt nirgendwo,
Dem Rausche der Berückung abhold, abgekehrt:
Ihn künden wohl die Weisen an als Denker.

Der Welt Erforscher, fand er höchstes Heiltum,
Hin durch die Meeresflut entkam er über so,
Zerhieb den Knoten, ohne Fessel wahnversiegt:
Ihn künden wohl die Weisen an als Denker.

Ungleich sind beide fremd geworden Freunden hier,
Der Hausner, der sein Weib ernährt, und wer entsagt:
Um andrer Weh' bekümmern selten Hausner sich,
Der Wesen Wohl, ein Klausner denkt es immer aus.

Wie da ein Pfau, der blau behalste Hahn der Luft,
In Flugeseile folgen keinem Schwane kann,
So kann der Hausner eifern keinem Mönche nach,
Dem fernen Denker, der im Walde Schauung übt.

LIEBE

Kunden muss man aus zu echtem Wohle,
Was man als den Friedenspfad erkennen kann:
Mächtig schreiten grade hin, im Herzen mild,
Unverstörbar sanft im Busen, ohne Stolz.

Heiter leben, wohl zufrieden leicht,
Ungeschäftig, um zu scheiden ledig ab:
Lauter so die Sinne halten, hellgemut,
Keinem lästig still von Haus zu Hause stehn.

Auch geringe Regel übertreten nicht,
Wo da Kenner Rüge sprächen andern aus;
Glücklich soll ein jeder, sicher sein,
Allen Wesen wünsch' ich Heil nach ihrer Art.

Was uns irgend an lebendig blickt,
Ob nun zart, ob grob geraten, was es sei,
Groß gegründet ob es mächtig um sich greift
Oder Mitte hält, auch winzig klein besteht:

Sichtbar was geworden, was unsichtbar bleibt,
In der Ferne was auch wandelt, nahebei,
Leben wo da atmet oder atmen will:
Allen Wesen wünsch' ich Heil nach ihrer Art.

Keiner soll den andern hintergehn,
Soll um nichts ihn je verachten hier:
Ohne Feindschaft, ohne Hassgefühl,
Übel wünschen wird man nicht dem Nächsten an.

Wie die Mutter ihres Leibes eig'ne Frucht,
Mit dem Leben schützen mag ihr einzig Kind:
Also mag man alles, was geworden ist,
Unbegrenzbar einbegreifen in der Brust.

Liebe soll durchleuchten so die ganze Welt,
Unbegrenzbar einbegreifen in der Brust:
Oben, unten, mitten quer hindurch
Unermesslich strahlen, ohne Grimm und Groll.

Ob man stehn, ob gehn und ob man sitzen mag,
Niederliegen, treibt man nur die Trägheit aus:
Innig mag den Geist man gründen so,
Heilig darf man hier es heißen, heimgekehrt.

Keine Ansicht irgend mehr empfangen,
Tüchtig taugen, weil der Blick ward abgeklärt:
Wünschen ohne Gier entzogen fern
Geht gewiss nie wieder in den Schoß man ein.

WUNSCH

Ein Wunsch, erwünscht man ernstlich ihn,
Und hat erfüllt ihn sehn bei sich:
Gewiss, der macht gar wohlgemut,
Erlangt der Mensch nur, was er will.

Ein Wunsch doch wieder, ernst erwünscht,
Im Willen aufgezeugt, genährt,
Und muss allmählich sein gemisst:
Wie Pfeil im Fleische wühlt er wild.

Wer Wünsche wie den Vipernkopf,
Der nach der Ferse faucht, umgeht,
Entkommt aus dieser geilen Welt,
Gewitzigt, ohne Wiederkehr.

Wer Feld und Haus und Gold begehrt
Und Rinder, Rosse, Dienertross,
Um Weiber, um Genossen wirbt,
Gemeine Wünsche, wer sie nährt:

Die Schwachen, ja die schwächen ihn,
An Klippen wird er scheitern bald:
Notwendig dringt ihm Leiden nach,
Wie Wasser eindringt in das Wrack.

So mag der Mensch denn, wohl gewahr,
Die Wünsche von sich weisen stark,
Abstoßen, steuern durch die See,
Dem Schiffer gleich, der überfährt.

ALTER

Kurze Frist nur lebt man, freilich,
Stirbt ja, eh' noch um sind hundert Jahre;
Und auch, länger wer da bleibt am Leben,
Endlich muss er doch vor Alter sterben.

Kummer lernt man da bei Meinheit kennen,
Unbeständig taugen keine Stützen,
Stürzen ein, und alles ist verändert;
Wer es weiß, ihn hält es nicht im Hause.

Ja der Tod, er lehrt es lassen,
Was man hier als mein vermeint hat;
Also klar es merken mag der Kluge,
Nicht um Meinheit mehr als mein genießen.

Traumgebilden gleich erschienen,
Die der Wache nicht mehr wahrnimmt,
Kann man viel geliebte Wesen,
Erst entschwunden, nicht mehr finden.

Hat man auch gesehn sie, auch vernommen,
Ihre Namen immer preisen hören:
Über ist der Name nur geblieben,
Anzukünden hier Dahingeschiedne.

Sorge, Schwermut, Ungenüge
Mehrt man süchtig so bei Meinheit:
Wo die Denker doch die Schranken
Überschreiten, Ziel erblicken.

Wohl bestanden, wer als Mönch dahinzieht,
Gern hat auserkoren stille Stätte:
In sich einig, sagt man, ist er worden,
Will da eig'ne Einkehr nicht verraten.

Nirgend ist der Denker angesiedelt,
Abgetan ist all sein lieb und unlieb;
Schwermut, Ungenügen trifft ihn nimmer,
Wie kein Tropfen bleibt am Lotusblatte.

Träufelt auf den Teich zwar Tau in Tropfen,
Lotusknospe kann er nicht benetzen:
Nicht benetzen kann es so den Denker,
Was auch sichtbar werde, hörbar, denkbar.

Schüttelnd ab es, mag er nichts vermeinen,
Was auch sichtbar werde, hörbar, denkbar;
Anders will er Reinheit nicht erwirken,
Ohne Lust erloschen, ohne Unlust.

STREIT UND HADER

Ein Anhänger:

Von wannen ist entstanden Streit und Hader
Und Weh und Qual, zusammen mit der Selbstsucht,
Hochmut und Übermut und Übelrede:
Woher entstammen die? O das verkünde!

Der Herr:

Aus Liebem ist entstanden Streit und Hader
Und Weh und Qual, zusammen mit der Selbstsucht,
Hochmut und Übermut und Übelrede:
Bei Selbstsucht ist erfunden Streit und Hader,
Wo Hader anhebt, eifert Übelrede.

Der Anhänger:

Was lieb ist in der Welt, woher doch stammt es,
So dass man durch die Welt begehrsam wandert:
Wo stammt die Hoffnung her, woher Erfüllung,
Um weiter noch den Menschen wegzuleiten.

Der Herr:

Aus Willen stammt, was in der Welt man lieb hat,
So dass man durch die Welt begehrsam wandert:
Da stammt die Hoffnung her, daher Erfüllung,
Um weiter noch den Menschen wegzuleiten.

Der Anhänger:

Der Wille in der Welt, von wannen stammt der,
Und Auserlesen ist woher gekommen,
Der Zorn, das Lügenwort und Vielerfragen,
Und was für Dinge der Asket noch deutet.

Der Herr:

Was »hold«, was »unhold« in der Welt geheißen,
Daran sich hangend wächst empor der Wille;
Wo Sein und Nichtsein kund wird an den Körpern
Ist Auserlesen in der Welt erkoren.

Der Zorn, das Lügenwort und Vielerfragen,
Auch diese Dinge, doppelt nur bestehn sie;
Wer viel erfragt, um Wissen wird er kämpfen,
Und weiß er, der Asket, entdeckt er Dinge.

Der Anhänger:

Was »hold«, was »unhold« ist, woher entstammt es,
Und wenn da was vergeht, entsteht es nimmer?
Nichtsein und Sein, was dieses dann bedeute,
Das künde mir, und wie es ist geworden.

Der Herr:

Berührung lässt empfinden »hold« und »unhold«,
Vergeht Berührung, ist auch das geschwunden;
Nichtsein und Sein, was dieses dann bedeute,
Das künd' ich an dir als von hier entstanden.

Der Anhänger:
Berührung in der Welt, von wannen stammt sie,
Und wo sind hergekommen doch die Schranken?
Was muss vergehn und nicht mehr gibt es Meinheit,
Entweichen was und nimmer rührt Berührung?

Der Herr:
Begriff und Bild bedingen da Berührung,
Und aus Verlangen baun sich auf die Schranken;
Verlangen wo entschwindet, endet Meinheit,
Wo Bild entwichen, rührt Berührung nimmer.

Der Anhänger:
Wie einig worden lässt man Bild entweichen,
Entweichen dann wie lässt man Wohl und Wehe?
Das künde mir, von hinnen wie es weiche,
›Erkennen kann ich's‹: Also hab' ich hier gehofft.

Der Herr:
Gewärtig nicht und auch nicht ungewärtig,
Nicht ungewahr, nicht, was verwichen, wahren:
So einig worden lässt man Bild entweichen;
Gewahr der wird, er sondert, unterscheidet.

Der Anhänger:
Um was wir da gefragt, es ward erklärt uns;
Noch frag' ich eines dich, o das verkünde:
Ist also nun das höchste Ziel erfunden,
Des Helden Reine, wie hier Weise rühmen,
Ein andres oder wäre noch zu deuten?

Der Herr:

Es sei das höchste Ziel erfunden also,
Des Helden Reine, hört man Weise rühmen,
Und mancher sagt, man find' es nur zuweilen:
Die nirgend an mehr hangen heißen kundig.

Von manchen weiß man, dass sie Wurzel fassen,
Und weiß man forscht der Denker nach den Wurzeln;
Und weiß man liebt erlöst man keinen Hader:
Um Sein, um Nichtsein steht nicht an der Starke.

EIGENQUAL

Aus Eigenqual erzeugt sich Angst,
Entzweit erblickt ihr dies Geschlecht;
Ich will sein Zittern deuten euch,
Erfunden, wie es von mir ward.

Das Volk, das hab' ich zappeln sehn
Den Fischen gleich, wo Wasser fehlt,
Verdrängen sich, erdrücken so:
Da hat mich Schauder angefasst.

Die ganze Welt ist ohne Hort,
An allen Enden aufgerührt;
Behausung mocht' ich suchen mir,
Sah keine dauern unverderbt.

Wie rasch Verderben bricht herein
Ersah ich, Ekel kam mich an;
Den Stachel hab' ich dann entdeckt,
Verborgen der im Herzen sticht.

Von welchem Stachel man durchbohrt
An allen Orten rast umher:
Der Stachel, der entzogen nur
Das Rasen lindern, ruhen lässt.

Da reden sie von Regeln viel:
Bei solchen darf man nicht verziehn;
Verwinden wer sein Wünschen kann,
Erlöschung regeln wird er sich.

Sich wahr sein und erdreisten nicht,
Kein Gleisner, kein Verkläger sein,
Verfluchen weder Fehl noch Schuld,
Aus Zwiefalt mag der Mönch entfliehn.

Von Schlaf und Schwäche, Müdigkeit,
Von Lauheit wird er lassen gern;
Er will nicht mehr sich muten zu,
Erloschen im Gemüte sein.

Der Lügenkunst, er weich' ihr aus,
Und kein Gebilde lock' ihn an;
Den Dünkel um zu blicken durch,
Wird ohne Hast er weiterziehn.

Was einst gewesen, sei dahin,
Was neu erscheine, gelt' ihm gleich;
Kein gestern darf ihn kümmern noch,
Kein Raum ihn halten je zurück.

Begehren heiß' ich Strudelflut,
Ersehnen ein Erseufzen hier,
Ergreifen Einbegriffensein:
Den Sumpf der Wünsche kreuzt man schwer.

Von Wahrheit weicht der Denker nicht,
Am Ufer hält er heilig an,
Hat alles lassen hinter sich:
Ihn darf man heißen »stillgemut«.

Der witzig weiß, und weiß genau,
Die Satzung merkt, uneingepflanzt:
Vollkommen zieht er durch die Welt,
Beneidet nirgend irgendwen.

Den Wünschen wer entwichen ist,
Aus Fesseln, wo man schwer entweicht,
Er weiß von Jammer, Jubel nichts,
Der Flut entschwommen fesselfrei.

Was vorher war, vertrockne du,
Auf dass dir künftig nichts mehr sei,
Kein heute je dich fassen kann:
Beschwichtigt wirst du wandern so.

Vollkommen bei Begriff und Bild
Verwinden wer da Meinheit mag,
Sich über Arges nicht mehr kränkt,
Ist unbesiegbar in der Welt.

Gedanken, ob es ihm gehört,
Ob andern zu, wer nimmer kennt,
Kein Eigentum entdecken kann:
Dass nichts er sein nennt, sorgt ihn nicht.

Nicht ungebärdig, reizbar nicht,
Unregsam, überall sich gleich:
So wird Gewinn, ich künd' es an
Dem Frager, ewig ausgewirkt.

Unregsam, wer da wirklich weiß,
Er weiß von keinem Unterschied,
Wird nimmer greifen um sich her,
An jedem Orte sicher sein.

Mit Gleichen nicht, Geringern nicht,
Mit Höhern spricht der Denker nicht:
Beschwichtigt, ohne Eigensucht,
Erwählt er nichts, verwirft er nichts.

BEIDER SEITEN ANBLICK

Das hab' ich gehört. Zu einer Zeit weilte der Erhabene bei Sāvatthī, im Osthaine, auf Mutter Migāros Terrasse.

Um diese Zeit nun hatte der Erhabene – es war ein Feiertag, im halben Monat, in der voll aufgegangenen Mondnacht – inmitten der Mönchsgemeinde unter freiem Himmel Platz genommen. Und der Erhabene blickte über die still gewordene, lautlose Schar der Mönche hin und wandte sich also an sie:

»'Was da, ihr Mönche, heilsame Dinge sind, heilige, ausreichende, die zur Erwachung führen: Von solchen Dingen, ihr Mönche, heilsamen, heiligen, ausreichenden, die zur Erwachung führen, was frommt es euch, davon zu hören?' Wenn man euch Mönche so fragen mag, mag das dann die Antwort sein: ›Eben nur, um die beiden Seiten der Dinge der Wahrheit gemäß zu verstehn.‹ Was aber nennt ihr beide Seiten? ›Dies ist das Leiden, dies ist die Leidensentstehung‹: Das ist der eine Anblick; ›Dies ist die Leidensvernichtung, dies ist der zur Leidensvernichtung führende Pfad‹: Das ist der andere Anblick. Also vollkommen beide Seiten erblickend, ihr Mönche, mag dem Mönche, unermüdlich in heißem, innigem Ernste beharrend, eins von beiden zur Reife gedeihen: Gewissheit bei Lebzeiten oder, ist ein Rest Hangen da, Nichtwiederkehr.«

Also sprach der Erhabene. Als der Willkommene das gesagt hatte, sprach fernerhin also der Meister:

»Das Leiden, wer es nicht erkennt,
Wie Leiden sich entwickeln kann,
Und wo das Leiden allzumal
Sich ohne Überrest verliert,
Und wer den Weg da nicht gewahrt,
Aus Leiden der hinüberlenkt:

Gemüterlöst, er wird es kaum,
Weisheiterlöst noch minder sein;
Nicht kann er Ende wirken aus,
Geburt und Alter überstehn.

Das Leiden aber wer erkennt,
Wie Leiden sich entwickeln kann,
Und wo das Leiden allzumal
Sich ohne Überrest verliert,
Und wer den Weg da wohl gewahrt,
Aus Leiden der hinüberlenkt:

Gemüterlöst, er wird es bald,
Weisheiterlöst nicht minder sein;
Er kann das Ende wirken aus,
Geburt und Alter überstehn.

‚Kann man aber noch auf andere Weise einen vollkommenen Anblick beider Seiten gewinnen?' Wenn man euch Mönche so fragen mag, mag die Antwort sein: ›Man kann es.‹ Wie aber kann man es? ›Was irgend an Leiden sich entwickelt, ist alles aus Anhaften entstanden‹: Das ist der eine Anblick; ›Ebendieses Anhaften vollkommen restlos vernichten lässt kein Leiden entwickeln‹: Das ist der andere Anblick.

Anhaftend keimen auf, erwachsen Leiden,
So vielgestalt auch in der Welt entstanden;
Unwissend wer Anhaften hat erkoren
Erleidet lässig immer wieder Elend:
Und also wird man weise nicht mehr haften,
Wo Leiden man entstehn sieht und erwachsen.

‚Kann man aber noch auf andere Weise einen vollkommenen Anblick beider Seiten gewinnen?' Wenn man euch Mönche so fragen mag, mag die Antwort sein: ›Man kann es.‹ Wie aber kann man es? ›Was irgend an Leiden sich entwickelt, ist alles aus Unwissen entstanden‹: Das ist der eine Anblick; ›Ebendieses Unwissen vollkommen restlos vernichten lässt kein Leiden entwickeln‹: Das ist der andere Anblick.

Geburt und Grab im Wandelsein
Wer immer wieder kreist hindurch,
Durch dieses Dasein, Dasein dort:
Unwissen lässt ihn wandern so.

Unwissen heißt die tiefe Nacht,
Darin man hier so lange kreist:
Erworben wer da Wissen hat,
Geht nimmer neuen Werdegang.

‚Kann man aber noch auf andere Weise einen vollkommenen Anblick beider Seiten gewinnen?' Wenn man euch Mönche so fragen mag, mag die Antwort sein: ›Man kann es.‹ Wie aber kann man es? ›Was irgend an Leiden sich entwickelt, ist alles aus Unterschieden entstanden‹: Das ist der eine Anblick; ›Ebendiese Unterschiede vollkommen restlos vernichten lässt kein Leiden entwickeln‹: Das ist der andere Anblick.

Was irgend auch an Leid entsteht,
Aus Unterschieden stammt es her;
Wo Unterschiede schwinden weg,
Nicht kann da Leid entwickelt sein.

Wer jenen Jammer wohl gemerkt,
Dass Leid aus Unterschied erfolgt,
Wer alles Unterscheiden stillt,
Wahrnehmen, wer es stauen kann,
Versiegen lässt er so das Leid,
Wer da erdacht hat, wie es wird.

Vollkommen blickend weise durch,
Vollkommen wissend aufgeklärt:
Entronnen aus dem Todesreich
Befährt man keinen Werdegang.

‚Kann man aber noch auf andere Weise einen vollkommenen Anblick beider Seiten gewinnen?' Wenn man euch Mönche so fragen mag, mag die Antwort sein: ›Man kann es.‹ Wie aber kann man es? ›Was irgend an Leiden sich entwickelt, ist alles aus Bewusstsein entstanden‹: Das ist der eine Anblick; ›Ebendieses Bewusstsein vollkommen restlos vernichten lässt kein Leiden entwickeln‹: Das ist der andere Anblick.

Was irgend auch an Leid entsteht,
Ist aus Bewusstsein hergestammt;
Bewusstsein wo man schwinden lässt,
Nicht kann da Leid entwickelt sein.

Wer jenen Jammer wohl gemerkt,
Dass aus Bewusstsein Leid erfolgt:
Bewusstsein stillen mag der Mönch,
Erlöschen also, ausgeglüht.

‚Kann man aber noch auf andere Weise einen vollkommenen Anblick beider Seiten gewinnen?' Wenn man euch Mönche so fragen mag, mag die Antwort sein: ›Man kann es.‹ Wie aber kann man es? ›Was irgend an Leiden sich entwickelt, ist alles aus Berührung entstanden‹: Das ist der eine Anblick; ›Ebendiese Berührung vollkommen restlos vernichten lässt kein Leiden entwickeln‹: Das ist der andere Anblick.

Berührung, wen sie niederzerrt,
Im Strom des Werdens weiterrafft,
In Wirbelkreise reißt hinab:
Umschlungen dringt er schwer empor.

Berührung aber wer versteht,
Gewitzigt wohl zu stillen weiß:
Berührung weil er fein erforscht,
Erlöschen wird er, ausgeglüht.

‚Kann man aber noch auf andere Weise einen vollkommenen Anblick beider Seiten gewinnen?' Wenn man euch Mönche so fragen mag, mag die Antwort sein: ›Man kann es.‹ Wie aber kann man es? ›Was irgend an Leiden sich entwickelt, ist alles aus Empfinden entstanden‹: Das ist der eine Anblick; ›Ebendieses Empfinden vollkommen restlos vernichten lässt kein Leiden entwickeln‹: Das ist der andere Anblick.

Als Wohl, als Wehe was sich gibt,
Und nicht als Wehe, nicht als Wohl,
Nach innen wie nach außen hin,
Was irgend auch empfunden wird:

Als Leiden sei es recht erkannt;
Es schleicht sich an, es bricht herein,
Und wie es wieder weg sich stiehlt,
Da stellt sich Ekel ein davor.
Empfinden wer versiegen lässt,
Entwickeln lässt er nimmer Leid.

‚Kann man aber noch auf andere Weise einen vollkommenen Anblick beider Seiten gewinnen?' Wenn man euch Mönche so fragen mag, mag die Antwort sein: ›Man kann es.‹ Wie aber kann man es? ›Was irgend an Leiden sich entwickelt, ist alles aus Dürsten entstanden‹:

Das ist der eine Anblick; ›Ebendieses Dürsten vollkommen restlos vernichten lässt kein Leiden entwickeln‹: Das ist der andere Anblick.

Dem Dürsten wer verdungen sich,
Geraume Zeiten kreist er um,
Um dieses Dasein, Dasein dort,
Und kann dem Kreis entrinnen nicht.

Wer jenen Jammer wohl gemerkt,
Dass Dürsten Leid entwickeln muss:
Wer durstgenesen nichts mehr nimmt,
Gewärtig zieh' er hin, der Mönch.

‚Kann man aber noch auf andere Weise einen vollkommenen Anblick beider Seiten gewinnen?' Wenn man euch Mönche so fragen mag, mag die Antwort sein: ›Man kann es.‹ Wie aber kann man es? ›Was irgend an Leiden sich entwickelt, ist alles aus Anhangen entstanden‹: Das ist der eine Anblick; ›Ebendieses Anhangen vollkommen restlos vernichten lässt kein Leiden entwickeln‹: Das ist der andere Anblick.

Anhangen züchtet Werden auf,
Geworden reift man Leiden zu:
Entstanden muss gestorben sein,
Das Leid, entwickelt wird es so.

Anhangen wer da mindern kann,
Vollkommen wissend aufgeklärt:
Entstehung mindern wer versteht,
Geht nimmer neuen Werdegang.

‚Kann man aber noch auf andere Weise einen vollkommenen Anblick beider Seiten gewinnen?' Wenn man euch Mönche so fragen mag, mag die Antwort sein: ›Man kann es.‹ Wie aber kann man es? ›Was irgend an Leiden sich entwickelt, ist alles aus Angreifen entstanden‹: Das ist der eine Anblick; ›Ebendieses Angreifen vollkommen restlos vernichten lässt kein Leiden entwickeln‹: Das ist der andere Anblick.

Was irgend auch an Leid entsteht,
Angreifen geht im Grunde vor;
Angreifen wo man schwinden lässt,
Nicht kann da Leid entwickelt sein.

Wer jenen Jammer wohl gemerkt,
Angreifen, dass es Leid erzeugt,
Angreifen meidend überall,
Angreifen weil er nirgend mag,

Den Durst nach Dasein wer getilgt,
Den Geist beschwichtigt hat, der Mönch:
Sein Lebensbronnen ist verbraucht,
Und nimmer gibt es Wiederkehr.

‚Kann man aber noch auf andere Weise einen vollkommenen Anblick beider Seiten gewinnen?' Wenn man euch Mönche so fragen mag, mag die Antwort sein: ›Man kann es.‹ Wie aber kann man es? ›Was irgend an Leiden sich entwickelt, ist alles aus Nahrung entstanden‹: Das ist der eine Anblick; ›Ebendiese Nahrung vollkommen restlos vernichten lässt kein Leiden entwickeln‹: Das ist der andere Anblick.

Was irgend auch an Leid entsteht,
Die Nahrung geht im Grunde vor;
Die Nahrung wo man schwinden lässt,
Nicht kann da Leid entwickelt sein.

Wer jenen Jammer wohl gemerkt,
Aus Nahrung, dass da Leid erfolgt,
Wer all die Nahrung hat erkannt,
In Nahrung nirgend ein sich pflanzt,

Gesundheit wer da wirklich kennt,
Wer allen Wahn versiegen lässt:
Besonnen, wie die Satzung lehrt,
Besonders wählt er keine Kost.

‚Kann man aber noch auf andere Weise einen vollkommenen Anblick beider Seiten gewinnen?' Wenn man euch Mönche so fragen mag, mag die Antwort sein: ›Man kann es.‹ Wie aber kann man es? ›Was irgend an Leiden sich entwickelt, ist alles aus Regung entstanden‹: Das ist der eine Anblick; ›Ebendiese Regung vollkommen restlos vernichten lässt kein Leiden entwickeln‹: Das ist der andere Anblick.

Was irgend auch an Leid entsteht,
Die Regung geht im Grunde vor;
Die Regung wo man schwinden lässt,
Nicht kann da Leid entwickelt sein.

Wer jenen Jammer wohl gemerkt,
Aus Regung, dass da Leid erfolgt:
Erregtsein, das vergisst er gern,

Wird Unterschiede roden aus;
Unangeregt und ohne Hang,
Gewärtig zieh' er hin, der Mönch.

‚Kann man aber noch auf andere Weise einen vollkommenen Anblick beider Seiten gewinnen?' Wenn man euch Mönche so fragen mag, mag die Antwort sein: ›Man kann es.‹ Wie aber kann man es? ›Eingepflanzt, erzittert man‹: Das ist der eine Anblick; ›Nicht eingepflanzt, erzittert man nicht‹: Das ist der andere Anblick.

Uneingepflanzter zittert nicht;
Als Eingepflanzter hangt man an,
An diesem Dasein, Dasein dort,
Und kann dem Kreis entrinnen nicht.

Wer jenen Jammer wohl gemerkt,
Dass Eingepflanztsein Übel mehrt:
Uneingepflanzt und ohne Hang,
Gewärtig zieh' er hin, der Mönch.

‚Kann man aber noch auf andere Weise einen vollkommenen Anblick beider Seiten gewinnen?' Wenn man euch Mönche so fragen mag, mag die Antwort sein: ›Man kann es.‹ Wie aber kann man es? ›Formhaften Welten, ihr Mönche, gehn formlose Welten als besser vor‹: Das ist der eine Anblick; ›Formlosen Welten geht Auflösung als besser vor‹: Das ist der andere Anblick.

Wo Form als Wesen wird erwählt,
Und auch, was ohne Form besteht:
Auflösung wer da keine kennt,
Geht immer neuen Werdegang.

Die Formen, wer sie durchgedacht,
Formlosen Welten nicht geneigt,
Auflösung, wem sie einzig taugt:
Ein solcher hat den Tod besiegt.

‚Kann man aber noch auf andere Weise einen vollkommenen Anblick beider Seiten gewinnen?' Wenn man euch Mönche so fragen mag, mag die Antwort sein: ›Man kann es.‹ Wie aber kann man es? ›Was da, ihr Mönche, in der Welt mit ihren Göttern, ihren bösen und frommen Geistern, mit ihrer Schar von Priestern und Büßern, Göttern und Menschen als ‚wahr' betrachtet wird, das eben wird von den Heiligen als ‚falsch', wie es wirklich ist, mit vollkommener Weisheit richtig angesehn‹: Das ist der eine Anblick; ›Was da, ihr Mönche, in der Welt mit ihren Göttern, ihren bösen und frommen Geistern, mit ihrer Schar von Priestern und Büßern, Göttern und Menschen als ‚falsch' betrachtet wird, das eben wird von den Heiligen als ‚wahr', wie es wirklich ist, mit vollkommener Weisheit richtig angesehn‹: Das ist der andere Anblick.

Uneigen, eigen gilt es hier,
Der Welt mit ihrer Götterschar,
Gegründet in Begriff und Bild,
Im Wahne, dass da Wahrheit sei.

Denn je mehr sie mehr vermeinen,
Immer wandelbarer wird es:
Also kann es falsch nur gelten,
Und was falsch ist, ist verfallen.

Vom Wahn erlöschen, ohne Falsch,
Als wahr erfinden Heil'ge das;
Und wann da Wahrheit ist erforscht,
Erloschen sind sie, ausgeglüht.

‚Kann man aber noch auf andere Weise einen vollkommenen Anblick beider Seiten gewinnen?' Wenn man euch Mönche so fragen mag, mag die Antwort sein: ›Man kann es.‹ Wie aber kann man es? ›Was da, ihr Mönche, in der Welt mit ihren Göttern, ihren bösen und frommen Geistern, mit ihrer Schar von Priestern und Büßern, Göttern und Menschen als ‚wohl' betrachtet wird, das eben wird von den Heiligen als ‚wehe', wie es wirklich ist, mit vollkommener Weisheit richtig angesehn‹: Das ist der eine Anblick; ›Was da, ihr Mönche, in der Welt mit ihren Göttern, ihren bösen und frommen Geistern, mit ihrer Schar von Priestern und Büßern, Göttern und Menschen als ‚wehe' betrachtet wird, das eben wird von den Heiligen als ‚wohl', wie es wirklich ist, mit vollkommener Weisheit richtig angesehn‹: Das ist der andere Anblick. Also vollkommen beide Seiten erblickend, ihr Mönche, mag dem Mönche, unermüdlich in heißem, innigem Ernste beharrend, eins von beiden zur Reife gedeihen: Gewissheit bei Lebzeiten oder, ist ein Rest Hangen da, Nichtwiederkehr.«

Also sprach der Erhabene. Als der Willkommene das gesagt hatte, sprach fernerhin also der Meister:

»Gestalten, Töne, Duft, Geschmack,
Getast, Gedenken allgesamt,
Ersehnt, begehrt, was lieblich dünkt,
Soweit ein Dasein irgend reicht:

Der Welt mit ihrer Götterschar,
Als Wohl erscheinen will ihr das;
Und wo nun solches auf sich löst,
Als Wehe wird es dann vermeint.

Als Wohl doch sehn es Heil'ge an,
Wann eigne Leibung untergeht:
Entgegen ist es hingewandt
Zur ganzen Welt, ihr Angesicht.

Von andern was da Wohl genannt,
Genannt von Heil'gen ist es Weh';
Den andern was da Wehe gilt,
Als Wohl erkennen Heil'ge das:
Wie schwer doch lernt man recht verstehn,
Verblendet, wo der Blick entweicht.

Wo Nebel decken, dämmert Nacht,
In Dunkel gehn die Blinden um;
Den Guten aber taugt der Tag,
Gleichwie das Licht dem Auge taugt:
Und nah und näher aufgeklärt
Erkunden solche rechten Weg.

Wo Gier nach Dasein niederzerrt,
Im Strom des Werdens weiterrafft,
In Todesreiche reißt hinab:
Da lauscht man solcher Lehre kaum.

Wer hofft' auch ohne Heiligsein
Den Pfad zu finden wirklich aus?
Den Pfad, auf dem sie zielbedacht
Erloschen hinziehn, wahnversiegt.«

Also sprach der Erhabene. Zufrieden freuten sich jene Mönche über das Wort des Erhabenen.

Während aber diese Darlegung stattgefunden, hatte sich bei etwa sechzig Mönchen das Herz ohne Hangen vom Wahne abgelöst.